JN439051

산수국

산수국

유해자 유고 에세이집

선우미디어

| 序文 |

유해자님이 가는 길에

왜 갔을까. 다 살았다고 생각했을까 너무 힘들다고 생각했을까 아니면 천명을 따라갔을까.

인간은 누구에게나 갈 곳이 있다. 인간뿐인가 우주 안의 온갖 것에는 변화와 법칙이 움직이고 있다. 그러나 너무했다. 억울하고, 속상하고, 아깝다.

한 달이 지나고 두 달이 지나고….

어느 날 낭군님에게서 전화가 왔다. 유고집을 내겠다는 것이다. 나는 하마터면 '축하합니다' 할 뻔했다. 그러나 다음 순간 아내에게 가는 사랑을 직감했다. 참을 수 없는 애정의 표현이었다.

'인생은 짧고 예술은 길다'라는 말이 있다. 몸은 갔지만 정신은 그대로 남아 있다. 살아 있을 때의 그 내음이 작품 안에서 반짝반짝한다. 생기발랄했고 주장이 강했고, 인생을 알았고 예술을 알고 있었다.

순진무구한 동심이 있고, 어떻게 살아야 하느냐의 회의가 있었고, 남은 웃길 수 있는 해학이 있었다. 그러면서 그 모두를 끌어안고, 즐겁게 살아야 한다는 체념도 있었다.

친지 친구 가족들, 수필을 같이 공부하고, 길이 썼던 동지들이 유고집을 읽으면서 지금도 작품 속에 살아있는 유해자님을 만나리라. 그리고 아쉽고 아깝고 억울한 그의 길에 꽃 한 송이씩을 놓으리라.

김 시 헌

수필과 만나 행복합니다

수필을 두고 치열하지 못했습니다. 소극적인 성격 탓이기도 하고, '내 삶으로 꽃 피운 글'이라는 수필 앞에서 자신이 없기 때문인지도 모릅니다. 그래서 수필쓰기는 늘 제게 힘겹습니다. 매어있는 듯 숨이 막히고, 놓여날까 봐 불안하기도 합니다.

이제 뒤돌아보니 부끄럽습니다. 좀 더 치열해야 했었고 이제 서둘러야 할 때인 것 같습니다. 서두른다는 말이 또 우스워집니다. 서둘러서 욕심으로 탄생하는 글이 아니라, 깨달음의 향기로써 탄생되는 글을 두고 말입니다. 그러나 이젠 겸손히 서둘러야 할 때이며 치열해야 한다고 다짐합니다. 치열함 속에서 깨어지고 내버리며 영혼이 성숙한 향기 나는 글을 쓰고 싶습니다. 얼마나 좋은 글을 썼는가의 결과에 상관하지 않고 수필로 인해 내 삶이 성숙되어질 수 있었던 과정에 의미를 두고 싶습니다.

수필과 만나게 되어 행복합니다.

무원 선생님, 변 선생님, 정 교수님, 또 한 분의 정 교수님께 감사드리며, 보잘 것 없는 제게 많은 사랑을 주시는 수필문단의 여러 선생님들께도 머리 숙입니다.

"완벽한 사람은 없다. 당신이 잘할 수 있는 것을 하라."고 말해 준 남편과 성록, 민정, 모두에게 사랑을 보냅니다.

2006년 8월 28일

저자 유해자

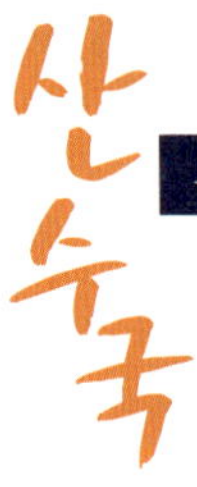

유 해 자 유 고 에 세 이 집

제1부 산수국

제2부 알강달강

제3부 도시 위에서

제4부 창작의 방

제5부 진달래 피다

추모하는 글

유해자의 수필세계

제 1 부

산수국

오월의 행복

"꾁꾁…"

산꿩의 울음이 가까이서 들려온다. 초여름이 다가오면서부터 산 속에서 들려오는 소리들이 많아졌다. 파랑새 소리는 경쾌하고 뻐꾸기 울음은 늘 아쉬움으로 남는다. '깍깍'거리는 까치들의 소리는 극성스럽기조차 하다. 거기에 순한 바람이 불 때면 미루나무 이파리들이 챠르르르 가볍게 몸을 흔든다. 산은 그 모든 소리들을 아울러서 한 몸으로 감싼다.

겨울이 끝날 무렵 새 아파트로 이사를 했다. 북한산 자락과 연결된 곳이다. 조망을 우선순위로 정해 선택한 새 집은 거실 창을 열면 손이 닿을 듯한 거리에 낮은 산이 한 자락 펼쳐져 있다.

나는 지금 조용한 빈집에서 혼자 창밖을 내다보며 초록 풍경에 취해 오월의 하루를 즐기고 있다. 연초록 나무 잎사귀 위로 축복처럼 햇살이 쏟아지고 있다. 오월의 햇살은 투명한 사이다 거품처럼 눈부시다. 찬란한 햇살을 바라보며 나도 한 그루 나무인 양 두 팔을 쭉 뻗고 심호흡을 한다. 신록의 싱그러운 기운이 전이된 듯 힘이 솟는다. 이상(李箱)은 초록 들판을 보고 '어쩌자고 저렇게까지 똑같이 초록색 하나로 되어 먹었노?'라며 '단조 무미한 채색'라고 「권태」에 썼다. 그러나 짙고 옅은 농담, 나무 그림자 지는 음지와 햇살 비추는 양지의 조화, 산 위로 뻗어 오른 오솔길, 여기저기 언덕을 샛노랗게 칠한 애기똥꽃의 색상만으로도 초여름 숲은 아직 「권태」에 쓰여 있는 '공포의 초록색'은 아니다.

발코니에는 올막졸막 화분들이 놓여있다. 돌확 위에 떠있는 물배추들을 가만히 들여다보다가 공연히 그것들을 물속으로 밀어 넣어본다. 그러나 이 부유식물의 이파리엔 물 한 방울 묻지 않는다. 물방울 하나의 무게도 허용하지 않는 가벼움, 그 결벽으로 자신을 물 위에 띄울 수 있으리라. 허브 잎들을 몇 번 쓸어 올리고 손을 코끝에 갖다 대어본다. 파인애플세이지는 그중 향이 순하다.

화분을 들여다보면서 지고 있는 꽃잎을 골라 미련 없이 따내버리곤 했다. 아름다움을 잃은 꽃잎의 모습은 초라할 뿐 이제 꽃의 역할을 하지 못한다. 씨앗을 맺기 위해 져버릴 수밖에 없는 꽃의 한 생애. 그 자연스런 법칙조차 허용하지 못하고 있음은 내 안에 생명을 보듬는 시선이 모자라기 때문일 것이다. 오늘은 져버린 꽃잎을 그냥 바라만 본다.

식탁 위에 놓인 초콜릿 한 알을 입안에 넣으면서 소파에 깊숙이 몸을 묻는다. 평온하다.

난 요즘 몹시 우울해 있었다. 하루에도 몇 차례씩 후끈 열이 오르면 이마에 송골송골 땀이 배어났다.

"갱년기 증세입니다." 담당 한의사가 친절하게 말했다.

"여성 호르몬제를 드셔야 합니다." 검사 결과를 보며 양의(洋醫)는 처방을 간단히 내렸다. 육체의 어느 부분이 허물어지듯 기운이 쭉 빠졌다. 약을 받아들고 돌아오는 길엔 자꾸 눈물이 나려고 했다. 일본의 아쿠타가와상 수상 작가이며 도쿄의 도지사인 이시하라 신타로는 '생식기능을 잃은 여자가 살아 있다는 것은 범죄행위'라고 말했다. 망언을 잘하기로 유명한 인물의 그 말이 새삼 떠올랐다.

며칠 후, 우울한 마음을 지닌 채 집 앞의 산엘 올라갔다. 산 속엔 햇살이 보석처럼 반짝이며 쏟아져 내리고, 여기저기서 들려오는 이름 모를 새들의 노랫소리와 온갖 풀꽃들로 가득 차 있었다. 자연이 연출하는 완벽한 아름다움이었다.

언덕 위 아카시아 나무에 등을 기대고 바위에 걸터앉았다. 그렁그렁 눈물이 차올랐다. 이 아름다운 계절에 나는 늙어가고 있다.

발밑에 키 작은 흰 꽃을 가만히 내려다보았다. 아무도 보아주는 이 없는 곳에서 소리 없이 피었다 지는 작은 풀꽃. 내가 작은 풀꽃보다 위대할 것이 무엇인가. 문득 나를 우울하게 하는 건 내 안의 욕심 때문이라는 생각이 들었다. 난 아직도 무엇인가 되고 싶고, 남보다 우월하고 싶고, 더 아름답고 싶고, 그리고 언제나 사랑 받는 여성이고 싶다. 그러기에 '갱년기'는 내게 아직 낯선 단어였던 것이다.

나도 풀처럼 나무처럼 우주 속의 미미한 생명체일 뿐 아닌가. 그렇다면, 꽃을 피우고 열매를 맺고 묵묵히 사라져가는 자연처럼, 자연스럽게 모든 것을 받아들여야 한다. '늙음'도 그 다음의 단계도 순리대로 맞이해야 하는 생의 과정이다.

생각을 전환하자 조금씩 마음이 편안해지기 시작했다. 지금껏 굴곡 없이 살아온 삶만으로도 감사하다는 생각을 하며 산을 내려왔다.

"뻐꾹, 뻐꾹…."

멀지 않은 곳에서 다시 뻐꾸기 소리가 들려온다. 지금의 순간에 최선을 다하라는 K선생의 말이 생각난다. 앞으로도 내가 지닌 색깔대로 내 그릇의 크기만큼 살아가지 않겠는가. 소파에서 일어나 노란 송홧가루가 날아와 앉은 발코니 창문을 활짝 연다.

한 쌍의 흰나비가 나풀나풀 허공을 날고 있다. 눈부신 햇살과 연초록의 저 싱그러운 생명들! 오월의 자연을 바라보며 나도 하나의 자연이 되어 오늘의 행복을 즐긴다.

(대한문학 2003. 가을)

아름다운 다리

내가 사는 아파트 뒤로 삼각산과 연결된 작은 산 한 자락이 길게 내려와 있다. 눈을 뜨면 주방의 창을 열고 먼저 산자락과 인사를 한다. 그리곤 별일이 없는 한 서둘러 아침 일을 끝내고 뒷산으로 간다.

피고 지고, 지고 피면서 사철 새로운 풍경을 만들어내는 산. 흐드러진 찔레꽃, 약수터 밑의 올챙이들, 솔향기를 묻히고 지나가는 바람, 하늘까지 키가 닿을 듯한 아카시아 나무들…. 그들과 말없이 나누는 대화와 은밀한 눈맞춤은 내게 커다란 즐거움이다.

며칠 전, 종일 많은 비가 내린 다음 날 산으로 향했다. 목이 타던 푸른 잎들이 잔뜩 비를 마신 뒤라 녹음은 더욱 짙푸르러졌고, 말라가던 약수 물줄기도 제법 졸졸거리며 계곡에도 맑은 물이 흘렀다. 약수터를 지나 세곡을 선너자 아카시아 나무 한 그루가 길을 막고 쓰러져 있었다. 길 옆 비탈길에 서 있던 커다란 아카시아 나무가 어제 내린 비로 뿌리가 뽑히며 아래로 넘어진 듯했다. 오늘 산에 오르면서 다시 그곳을 지나다 보니 쓰러진 나무는 누군가에 의해 정리가 되어있고, 튼실한 몸통은 잘려져서 계곡의 다리가 되어 있다.

전에 있던 다리는 통나무 두 개가 길이와 굵기가 서로 짝짝인 채로 놓여있어서 건널 때마다 몸의 균형을 잡기가 어려웠다. 2미터가량 되는 세 개의 아카시아 나무로 나란히 깔끔하게 새로 놓여진 다리는 건너기도 좋고 계곡의 주변까지 산뜻해졌다. 나는 통나무 다리 위에서 쿵쿵 발을 굴려보며 흐뭇한 기분으로 다리를 건넜다.

언덕 위에 올라서 베어진 나무그루의 나이테를 세어 본다. 스물일곱 개의 동그라미. 나무는 지반이 마사(磨砂)로 형성된 이 야산의 비탈길에서 비바람과 더위, 겨울의 추위를 견디며 스물일곱 개의 동그라미를 만들었다. 많은 새들이 날아와 노래했고, 아카시아 나무에 주렁주렁 꽃이 필 때면 벌들에게 자신의 꿀을 내어주며 보람과 즐거움을 느꼈을 것이다. 손을 펼쳐 나무의 동그라미를 가만히 쓰다듬는다.

지난겨울, 문우 K선생의 딸이 성직자의 길을 택했다. 그의 선택을 보며 나의 삶을 돌아보았다. 나를 낮추고 남을 위한 희생과 봉사의 길을 가는 그는 세상의 다리와 같을 것이다.

그를 생각하며, 나는 무엇으로 다리의 역할을 할 수 있을까 생각해본다.

산속은 큰 나무와 작은 꽃들과 푸른 풀들이 함께 섞여 있다. 나무와 꽃과 잡초들이 서로 어우러져 산 속의 아름다움이 빚어졌듯, 세상 또한 각자 색깔이 다른 여러 사람들이 함께 모여 조화로운 사회가 이루어졌다. 그 속에서 자신이 지닌 색깔과 크기에 맞는 몫을 다할 때 그것은 또 다른 다리의 역할이 되리라.

힘을 주는 따스한 말 한마디, 온화한 미소, 긍정적인 생각. 그것들

또한 가족에게, 이웃에게, 이 사회를 살아가는 데 희망과 화해의 다리와 같은 역할이 아닐까.

TV에 나오는 광고문처럼 '신문 던져주는 시간 6초, 어르신과 함께 횡단보도 건너는 시간 23초, 후배에게 커피 타주는 시간 27초, 버스벨 대신 눌러주는 시간 4초'의 하루 1분의 배려가 '세상을 아름답게 하는 힘'일 뿐만 아니라, 세상에서 너와 나를 연결하는 아름다운 다리가 된다. 아름다운 다리는 여유와 여가가 만들어주는 것이 아니다. 관심과 마음이다. 남을 배려하는 따뜻한 마음, 그 마음이 다리가 된다.

방금 밟고 건너온 통나무다리를 다시 내려다본다. 아카시아 나무다리가 아름다워 보인다.

나는 매일매일 이 다리를 건너면서 많은 것을 생각하고 내 삶을 되돌아 볼 것이다.

(에세이21 2006. 여름, 중국문예지 도라지 2006. 7·8월)

산수국

봄 햇살이 곱다. 산수국(山水菊) 화분을 사러 화훼시장에 가봐야겠다.

산수국 꽃을 처음 본 것은 이년 전의 유월, 제주의 사진작가 김영갑 갤러리 '두모악'에 갔을 때였다. 두모악의 마당을 들어서 전시관 건물을 향해 걷던 나는 낮은 돌담 밑에 피어있는 청보라 색의 꽃을 발견하고 걸음을 멈추었다. 키가 내 허리쯤 오는 한 그루의 꽃나무, 거무스레한 돌담 색깔과 어우러져 얼핏 보면 그냥 지나치기 쉬운 작은 꽃이었다. '어머! 예쁘기도 해라' 감탄사가 절로 나왔다.

가운데는 크기가 팥알보다 작은 조그만 봉오리들이 입을 꼭 다문 채 오밀조밀 모여 있고, 그 봉오리를 둘러서 활짝 핀 청보라 색깔의 꽃이 달려있다. 청보라 빛의 꽃 색깔에 매료되어 이리저리 살피던 나는 활짝 핀 꽃잎에 암술과 수술이 없음을 알았다. 순간, '아! 이게 바로 헛꽃이로구나.' 하는 생각이 들자 헛꽃을 처음 본 기쁨에 가슴이 뛰었다. 작고 볼품없는 진짜 꽃으로 벌과 나비를 유인하기 위하여 꽃봉오리의 주변에 달려있는 꽃술이 없는 가짜 꽃, 그것을 헛꽃이라고 한다는 것을 어느 책에서 읽으며 신기해하던 일이 있었다. 제주에서 돌아온 며칠 뒤 내가 본 꽃이 산수국이라는 것을 알아내었다.

산수국은 수국의 야생종으로 헛꽃인 무성화의 꽃받침에 톱니가 있는 꽃산수국, 잎이 두꺼운 고려수국, 헛꽃이 양성화인 탐라산수국 등, 몇 가지의 종류가 있었다. 꽃 색깔 또한 내가 본 청보라색이 전부가 아니라 시간이 지남에 따라 자주색이 되기도 하고 흰색이 되기도 하며 환경에 따라 조금씩 변해 간다고 한다.

산수국의 헛꽃에 관한 설명을 읽다가 어느 구절에서 나는 깜짝 놀라고 말았다. 작고 볼품없는 진짜 꽃을 감싸듯 꽃봉오리 주변을 빙 둘러서 피어 있는 무성화 '헛꽃'은 유성화 '참꽃'의 가루받이가 끝나고 나면 조금씩 몸을 돌려 꽃잎을 땅으로 향한다하지 않는가. 그것은 자연의 신비를 넘어 감동이었다. 자기가 아닌, 한 봉오리에 달려 있는 다른 꽃잎이 열매를 맺을 수 있도록 도운 뒤에는 스스로 자신의 아름다움을 숨겨버리는 꽃. 헛꽃의 헌신은 대가 없이 주는 모성과 같은 사랑이었다.

산수국의 참꽃같이 부실한 나는, 지금껏 헛꽃의 역할을 해주는 주변의 도움이 있었기에 살아 온 것은 아닐까.

결혼 후, 둘째 아이를 낳게 되자 체력이 약한 나를 위해 어머니는 큰아이를 데려가 일 년 가까이 기르셨다. 바깥바람 맛을 들인 어린 외손자를 따라다니며 종일 시중을 드시느라 어머니의 얼굴은 새카맣게 되었고 몸무게까지 줄어들었다. 아이들이 사춘기가 되자 어머니는 "엄마 속 썩이지 말고 항상 말 잘 들어라. 엄마 없으면 니들은 다 개밥에 도토리 신세가 되는 거다."라곤 하셨다. 외손보다 어머니에겐 건강이 부실한 당신의 딸이 우선이었다. 사철 밑반찬이며 양념거리들을 붙이시고, 위장병(胃腸病)을 떨쳐버리지 못하는 내게 "밥때를 넘기지 말고 밥을 먹어라."며 확인하듯 수시로 전화를 하셨다.

그러던 어머니의 전화가 지난해부터 뜸해졌다.

매년, 가을 문턱으로 들어서기 바쁘게 어머니는 내게 독감예방주사를 맞으라고 전화를 하셨다. "엄마는, 이 나이에 무슨 독감예방주사야."라는 딸의 투정에 "너는 다른 사람과 달리 몸이 약해서 꼭 맞아야 한다. 제발 말 좀 듣거라."는 대화가 모녀간에 오고갔다. 그런데 지난 가을에 전화가 없었고, 겨울이 와도 '서울도 날씨가 많이 춥제.'라는 전화조차 없으시다. 궁금하여 내가 전화를 드릴 때면, 자식들이 걱정할까 하여 숨기시던 당신의 건강을 이야기하신다. 두통약, 위장약, 심장약 등, 하루도 빠짐없이 서너 가지의 약을 드시는 어머니는 지난해 편두통이 심하여 병원에 입원도 하셨다. 어머니는 이제, 맡은 역할을 끝내고 땅을 향해 몸을 돌리는 산수국의 헛꽃처럼 내게서 등을 돌리고 계시는 중이 아닐까.

창밖의 햇살이 곱다. 어머니는 지금 무얼 하고 계실까. 전화를 드려 봐야겠다.

나는 제주에서 돌아온 뒤 한 번도 산수국 꽃을 보지 못했다. 날씨가 조금 더 따스해지면 화훼시장에 나가 산수국 나무를 찾아 봐야겠다. 내 안에도 자신을 버리고 말없이 생을 헌신할 수 있는 그런 사랑이 있을까. 올 여름 피어나는 꽃잎을 보며 자연의 오묘함과 헛꽃의 사랑을 생각하리라.

(에세이21 2008. 봄)

도자기를 빚으며

점토를 늘리고 흙가래를 빚는다. 손에 닿는 흙의 감각, 자연 그대로의 모든 것들은 이런 느낌을 지녔을까. 손바닥을 간질이는 보드라운 흙의 느낌이 좋아 점토를 자꾸만 주무른다. 오늘은 오리 모양의 생선 접시를 만드는 날이다. 접시의 테두리를 조금 더 높이 쌓아 올린다. '오늘 만드는 용기에는 바닥에 자잘한 흰 자갈을 깔고 물을 담아 꽃잎을 몇 개 띄워야지.' 생각만으로도 흙을 만지는 손길이 즐겁다.

매주 금요일, 숲 속에 있는 작은 공방의 뜰에 둘러앉아 흙을 주무른다. 초급반인 우리는 강사의 계획표에 따라 접시를 만들고 컵을 만들고 꽃병을 만든다. 그러나 나는 강사가 내놓은 견본을 그대로 따라하지 않는 불량 수강생이다. 컵을 만들 때는 컵을 변형한 꽃병을 만들고, 접시를 만들 땐 운두를 높여 수반(水盤)을 만든다. 순수한 흙 앞에서조차 나는 욕심을 부리고 있다.

주어진 시간이 끝난 후에도 손을 떼지 못한다. 이리저리 돌려보며 다시 안쪽 표면을 다듬고 겉의 무늬를 매만진다. 자신이 만든 작품에 대한 애착이다. 마치, 생명이 있는 오리 한 마리를 탄생시키고 있는 기분이다.

며칠 전, H갤러리에서 열리고 있는 도예전에 갔다. 작품들은 대체로 실용품에 예술성이 더하여진 생활 자기들이었다. 그 가운데 몇 점은 실용성과 상관없이 설치미술을 연상케 하는 작품도 있었다. 그것은 도예를 이용한 현대미술의 또 다른 장르처럼 보였다. 전시된 작품 중 가장 눈길이 갔던 것은 독특한 디자인의 주전자였다. 알라딘의 요술램프를 찌그려 놓은 듯한, 실용성보다는 예술성이 돋보이는 작품으로 납작한 몸체에 작은 뚜껑이 앙증맞았다. 이렇게 개성과 아이디어가 빛나는 작품을 볼 때면 심미적 쾌감을 느낀다. 그 쾌감은 생활의 에너지로 전환되어 그날 하루를 즐거움 속에 있게 한다.

싫증나지 않는 도자기의 미(美). 빗살무늬 토기부터 현대 자기까지 그 강한 끌림은 모태인 흙의 기운 때문이리라. 수분에 젖었을 때는 어떤 형태가 되든 자신을 만드는 이의 손길에 내맡겼던 흙이 1200℃가 넘는 불가마 속에서 구워지고 나면 전혀 다른 얼굴을 한다. 부드럽던 바탕은 오간 데 없고 단단함이 차라리 깨어질지언정 변형을 용납하지 않는다. 세상의 모든 것들은 고통을 거쳐 탄생되는 걸까. 시뻘건 불구덩이 속에서 달구어지고 금이 가는 아픔을 겪으며 한 덩이의 점토는 도자기라는 이름으로 새롭게 태어난다.

손에 묻은 점토를 수돗물로 씻어내며, 나는 나를 지으신 이를 생각한다.

나 또한 조물주의 손에 맡겨진 한 덩이의 흙이었으리라. 내가 접시 하나에 이렇듯 공을 들이니, 나를 빚은 그분의 손길이야 어떠하였으랴.

나는 애초에 어떤 모양으로 빚어졌을까. 꽃병이었을까, 항아리였을까, 대접이었을까, 아니면 작은 종지였을까. 무슨 용도에 쓰려고 만들어진 용기일까.

미끈하지도, 눈에 띄지도 않는 나의 외모는 내가 아름다운 꽃병으로 빚어지지 않았다는 증거이며, 속내가 좁아 소심하기 짝이 없는 나는 큼직한 항아리도 아닐 것이다. 건강이 부실하고 나약한 나는 질흙으로 빚어진 자그마한 종지인지 모른다. 기왕이면 '거슬리지 않는 파격을 지닌' 청자연적쯤으로 빚어졌더라면 얼마나 좋았을까. 윤기 없고 투박한 질그릇이라면 넓은 대접이라도 되게 하든지. 이렇듯이 불평이 많은 것 또한 분명 내가 작은 종지라는 증거이리라.

문득 "그 지으신 모든 것을 보시니 보시기 심히 좋았더라."고 쓰인 창세기의 구절이 떠오른다. 심히 보시기 좋았다는 것은 창조하신 분의 마음에 꼭 들었다는 뜻이 아닌가. 그렇다면 나 또한 박물관의 세련된 청자연적이 아닌 볼품없는 종지일지라도 나를 지으신 그분의 마음에 흡족하게 빚어진 존재일 것이다. 내가 실용성 있는 컵이나 접시를 만들지 않고 내게 필요한 꽃병과 수반을 만들면서 정성을 기울이듯. 나는 창조주의 계획에 따라 만들어진 유용한 용기이다. 담기는 것이 한 숟가락의 양념이면 어떠랴. 종지가 없어 한 숟가락의 양념을 커다란 대접에 담아 상을 차린다면 상차림의 조화는 깨어지고 볼품이 없게 될 것이다. 용량에 따라 역할이 다를 뿐 우열의 차이는 아니다. 각자의 크기에 맞는 몫을 감당하며 저마다 타고난 모양대로 살아가는 것, 그것이 세상살이의 이치가 아닐까. 이렇듯 때로는 생각의 전환과 자족(自足)의 마음이 나를 편안하게 한다.

스피커에서 흘러나오는 경쾌한 음악이 공방의 뜰을 거쳐 오월의 숲으로 퍼져 나간다. 오늘 내가 만든 오리모양의 수반이 놓일 자리를 생각하며 공방을 떠나 집으로 돌아오는 발걸음이 가볍다.

(에세이21 2005. 여름)

파꽃을 바라보며

어머니가 보내신 대파가 겨우내 뽑아먹고도 남아서 겨울이 끝나가는 지금 하얗게 꽃을 피웠다. 햇살을 마주하고 앉아 파꽃을 바라본다. 미끈했던 파의 연둣빛 줄기는 쓸모없이 말라 있다. 꽃과 탯줄처럼 연결되어있는 파의 꽃대를 손으로 눌러본다. 대 속에는 아무것도 들어있지 않다. 단맛을 내던 속살은 사라지고 시들은 줄기가 꽃을 이고 푸석푸석 메마른 화분의 흙 위에 비스듬히 스러져 있다. 물기 없는 화분에서 줄기는 혼신의 힘을 다해 제 몸 속 마지막 남은 수분을 꽃에게 주고 있는 듯하다.

"내 체질을 닮아서 네가 허약하다."면서 안쓰러워하는 어머니는 사시사철 먹을거리를 챙겨 보내신다. 아직도 내가 구분을 잘 못하는 참기름과 들기름은 병에 이름을 써서 보내고 때때로 전화를 걸어 남아있는 분량을 확인하신다.

"하는 김에 조금 더 하는 것뿐이니 걱정 말아라." 하시며 어머니는 올해도 김장김치를 보내셨다. 몇 개의 김치통과 함께 하나 더 실려 온 것이 있다. 푸른 대파가 심어진 커다란 화분이다. "날씨 추운데 시장 다니지 말거라. 그늘에 두고 뽑아 먹으면 한동안 먹을 것이다."라는 말씀과 함께. 그러나 그것만으로 시장을 안 갈 수 있는 일도 아니며 한겨울에도 언제나 싱싱한 대파를 사 먹을 수 있는데, 어머니도 그것을 모르지는 않을 것이다.

한동안 뽑아 먹은 뒤 생기 잃어가는 파 화분을 베란다 구석에 내어놓고 돌보지 않은 채 그냥 두었다. 그것이 어느 날 꽃을 피웠다. 파꽃을 자세히 들여다본다. 엷은 막을 찢고서 벌어져 있는 큰 봉오리 속에 수술이 달린 작은 꽃들이 꼭꼭 붙어있다. 새 생명의 잉태이다. 그러나 꽃이 달린 파의 밑동은 이미 말라 있다.

'법 없이도 사는 사람'이라는 별명을 지닌 어머니는 성정(性情)이 온유한 분이다. 주는 것만 알 뿐 당신이 받아야 할 몫은 언제나 "괜찮다", "관둬라"고만 하신다. 늘 이해하고 양보하는 어머니의 성격이 나는 싫었다. 소심하고 나약한 내 성격이 어머니를 닮았기 때문이라고 생각했다. 왜 엄마는 우리를 이렇게 약하게 키웠느냐고, 나는 나중에 엄마처럼 자식을 과잉보호하지 않을 것이라고 큰소리쳤다. 그럴 때면 어머니는 "너도 자식을 낳아 봐라." 하셨다. 그때 내가 한 행동의 대가를 나는 지금 내 딸아이에게 돌려받고 있다.

어머니는 어제도 전화를 하셨다. 검은깨와 검은콩이 흰 머리카락의 예방에 좋다기에 택배로 부쳤으니 집을 비우지 말라는 말씀이었다. 당신의 머리칼이 파뿌리처럼 하얗게 되어가는 것은 아랑곳하지 않고 어느덧 흰 머리가 돋아나는 딸에게 주려고 어머니는 시장에 나가 잘 여문 깨와 까만 콩을 골랐다. 깨를 씻어 말리고 손질을 하며 딸의 머리칼이 흑임자처럼 늘 검은빛으로 있기를 바라셨으리라.

"얘야, 엄마가 딸한테 그것도 못 해주겠냐." 전화선을 타고 들리던 어머니의 목소리. 한결 같은 무조건적 사랑이다.

파가 심어져 있는 화분을 다시 들여다본다. 이미 밑동이 시들은 줄기는 화관(花冠)의 무게가 버거운 듯 비스듬히 누워있다. 그러나 줄기는 끝까지 몸속의 수분을 꽃에게 밀어 올릴 것이다. 파꽃 위로 어머니의 모습이 겹쳐진다. 나는 스러져 가는 꽃대 끝에서 마지막까지 수분을 빨아대고 있는 파꽃 같은 철없는 딸이 아닐까.

(한국문인 2005. 4·5월)

삶의 에너지

서점에 가는 일이 내겐 즐겁다. 제각기 개성을 지닌 책들이 자신을 선택해 달라고 눈길을 보낸다. 며칠 들르지 않은 사이 새로 태어난 책들이 인사를 한다. 서점에서 그들과 만나고 있는 사람들의 얼굴이 아름답게 보인다. 그들 속에서 때로는 바닥에 주저앉아 오래 머물러 있어도 마음이 편하다. 책들과 만나고 오는 날은, 사람들과의 모임에서 수다를 떤 뒤 헤어져 올 때의 허망을 느끼지 않아서 좋다. "살아있을 때 저 책들을 다 읽어 봐야 할 텐데." 하시던 노(老)선생님의 독백이 가슴에 무늬를 일으킨다.

남편과 아이들이 잠든 시간, 야행성 체질인 나는 혼자 불을 밝히고 책을 읽는다. 책을 읽고 있으면 마음이 평화롭고 행복한 사람이 된다. 책을 한 줄도 못 읽고 잠자리에 든 날은 마치 저녁을 굶었을 때의 허전한 공복감 같은 것이 느껴져 다시 슬며시 일어나 앉기도 한다.

초등학교 고학년 때, 소설책을 읽었다. 주인공이 마차를 타고 쫓고 쫓기는 장면을 읽으면서 내 심장 뛰는 소리와 함께 달리는 말발굽 소리가 들렸다. 그 날의 말발굽 소리는 몇 번의 강산이 변한 지금도 세면대에 물을 받다가, 저녁 찬거리로 푸른나물을 다듬다가, 문득문득 환청처럼 들려 올 때가 있다.

책이 흔하지 않던 시절이었다. 중학생이 되어 맞이한 첫 방학, 다락에 올라가 아버지가 보시던 월간지에 실린 연재소설을 종일 읽곤 했다. 그때 다락에서 찾아낸 소월(素月)시집은 얼마나 내 가슴을 울렁이게 했던가. "가도, 가도 왕십리에 비가 온다."는 시구는 사춘기 소녀에게 회색빛 연기가 깔리는 비 내리는 저녁 무렵을 오래도록 좋아하게 했다.

「러시아 문학개요」에 실린 이야기라 한다. 2차 대전 나치의 포위망에 든 러시아의 레닌그라드는 적에 의해 퇴로가 차단된 채 겨울이 찾아왔고, 먹을 것, 땔 것도 없는 죽음의 도시가 되었다. 그곳에서 기적적으로 한 소녀가 구출되었다. 잡지사의 기자가 소녀에게 물었다.

"내일을 예측할 수 없는 상황 속에서 견뎌낼 수 있었던 비결이 무엇이냐?"

"책을 읽었어요. 투르게네프, 톨스토이, 도스토예프스키, 체호프 등을 읽고 또 읽고 아마 몇 백 번은 읽었을 거예요."

소녀를 견디게 한 것처럼 20대에 나를 견디게 한 것은 책이었다. 여고를 졸업하고 금융기관에서 근무를 했다. 현실감각보다 몽상가적 기질을 지닌 내게 끝자리 수 한 자의 실수도 있어서는 안 되는 대차대조표의 아라비아 숫자들과 산더미 같은 지폐 뭉치들은 나를 한없이 숨 막히게 했다. 반복되는 일상, 눈을 뜨면 보이는 것은 산과 들, 하늘뿐, 시골 생활의 단조로움에 탈출을 꿈꾸었다. 그때 책을 읽지 않았더라면 자신의 삶에 대한 회의와 저릿저릿 가슴 저리던 젊음의 가슴앓이를 무엇으로 풀어내었을까. '괴테'와 '빈센트 반 고흐'를 만나고 '브람스'와 '사강'을 만나고 '노라'와 '테스'를 만났다. 책 속에서 만나는 그들은 내게 위안과 즐거움이 되었고 자유로운 사유를 펼치게 했다.

가까이 한 책과의 인연으로 마흔 살이 되어 대학에 입학했다. 그것은 또 다른 즐거움으로 삶의 활력소가 되었다. 문학의 효용론을 읽고 모방론을 읽으며 책 속에 빠진다. "마르크스, 프로이드, 베버 등의 독서를 하며, 삶이란 하모니카가 아닌, 수백 개의 음전이 달린 오르간이란 것을 발견했다."고 쓰인 구절을 읽으며 책 속의 세계에 빠질 때 나는 나를 잊는다. 그 순간 오직 순수한 평온과 희열을 느낀다. 그때의 희열은 가슴 가득한 삶의 에너지가 된다.

"사람이 그리워질 때면 어떻게 하나요?" 중년의 나이인데도 아직 고운 감성을 간직한 후배 H가 전화를 했다.

"책을 읽지요."

불혹이 넘어도 늘 명치끝을 아프게 하는 존재에 대한 갈등, 어찌해 볼 수 없는 인간의 고독, 아직도 허허로이 남아 있는 까닭 모를 그리움의 덩이들, 책을 읽지 않는다면 어디에다 그 마음 조각들을 녹여 낼까?

잠자는 머리맡에서, 손을 뻗으면 닿는 구석구석에서, 언제나 기다리고 있는 변함없는 벗은 책이다. 마음 주지 않을 때도 토라지지 않는 벗이 항상 곁에 있다는 것은 얼마나 큰 위안인가.

책은 문자만 읽는 것이 아니다. 시공을 초월한 작가와의 만남이다. 나는 오늘 서점에서 김수영 시집 한 권을 샀다.

> 모래야 나는 얼마큼 적으냐
> 바람아 먼지야 풀아 나는 얼마큼 적으냐
> 정말 얼마큼 적으냐…
>
> —「어느 날 古宮을 나오면서」

시인과의 만남은 책을 덮은 후에도 오래도록 내 가슴을 설레게 하고 있다.

(수필과 비평 1999. 5·6월)

지도 밖으로 행군하고 싶다

사진을 보고 있습니다. 인터넷에 올라온 이 사진은, 젊은 연인들이 푸른 잔디위에 앉아서 머리를 맞댄 채, 손에 든 한 권의 책을 읽고 있는 사진입니다. 젊고 세련되며 지적인 그들의 모습이 아름다워 한참을 바라봅니다. 가슴이 설렙니다. 그들이 지닌 젊음 속에 스프링처럼 튀어오를 듯한 싱그러운 에너지가 느껴집니다. 그들은 무슨 꿈을 품고 있을까요. 젊음이 지닌 무한한 가능성과 그들 앞에 펼쳐져 있는 많은 기회들을 생각해 봅니다. 그들은 아직 '숲 속에 난 두 갈래 길' 중, '사람이 적게 다닌 길'을 선택할 수 있는 꿈과 용기를 가지고 있겠지요.

뒤늦게 한비야의 『지도 밖으로 행군하라』는 책을 읽었습니다. 그가 다니던 직장에 사표를 낸 뒤, 7년 동안 세계 곳곳의 오지 여행을 다녔다는 사실도 멋진 일이지만, 국제 구호단체의 긴급구호 팀장이 되어 난민들을 돕는 일에 참여하고 있다는 것이 더욱 멋있습니다. 그는 '이 일이 내 가슴을 뛰게 하고, 내 피를 끓게 만들기 때문'이라고 말했습니다. 그의 가슴은 언제나 뜨거운 열정으로 가득 차 있으며, 눈동자는 반짝입니다.

언젠가 TV에서 150년 만에 공개한다는 '가톨릭 신학대학'의 모습을 본 적이 있습니다. 검은 수단을 입은 젊은이들의 모습은 한결같이 평온해 보이고 모두 얼마나 미남이던지, 사람의 외모는 내면의 표정이라는 생각을 했었습니다.

'자신을 포기함으로써 세상 모든 것을 얻을 수 있다는 것이 가장 큰 매력'이라고 말하는 젊은 사제의 모습은 진정 아름다웠는데, 사제 서품을 받기위해 땅에 엎드린 그들의 모습을 보며 난 왜 그리 많은 눈물을 흘렸는지 모릅니다. 종교를 떠나, 그들의 모습이 아름다웠던 것은 신에게 자신의 이익을 위해서가 아니라 타인을 위한, 내가 아닌 다른 사람을 위해서 기도할 것이란 생각이 들었기 때문입니다.

'가치 있는 삶'이란 단어가 떠올랐던 것은 아마 내 나이 지천명을 넘어서고 있기 때문이 아닐까요. 늘 내 몸 하나 돌보며, 내 울타리 안에서만 안주하고 있는 나 자신의 모습을 보았습니다. 남을 위해 큰 희생을 한 적도 없고, 무엇에 죽도록 열정을 바친 적도 없는 삶이지요. 그것이 내가 지닌 그릇의 크기였습니다.

'한국은 나의 베이스캠프일 뿐'이라고 말하는 한비야는 다시 이렇게 말합니다. "나는 세상이 만들어 놓은 한계와 틀 안에서만 살 수가 없다. 안전하고 먹이도 거저 주고 사람들이 가끔씩 쳐다보며 예쁘다고 하는 새장 속의 삶. 경계선이 분명한 지도 안에서만 살고 싶지 않다. … 나는 새장 밖으로, 지도 밖으로 나갈 것이다."라고.

내 것에만 매여 살지 않고 보다 큰일에 관심과 사랑을 쏟으며 자신의 삶을 바칠 수 있다는 것도 꽤 멋진 인생이 아닐까요. 한 번 뿐인 삶이기에 더욱 말입니다. 늦은 나이에 중국어를 배우기 위해 유학을 떠나기도 했던 열정과 자유를 지닌 그녀. 나는 자신을 위해서가 아니라 타인을 위해서 세계를 무대로 넘나드는 그의 통 큰 삶이 부럽습니다.

'살면서 아직 이루지 못한 꿈이나 앞으로 이루고 싶은 꿈' 이야기를 써 달라는 편집자의 원고청탁을 받고 당황했습니다.

지난 날 나는 무슨 꿈을 꾸었으며, 오늘 나는 무슨 꿈을 꾸고 있는 걸까요. 학창시절, 꾸준히 독서는 하였지만 남들처럼 작가가 되겠다는 꿈은 꾸어보지도 않았고, 주어진 현실 앞에서 늘 어쭙잖은 감성으로 인해 갈등과 자학의 늪에 빠져 지냈습니다. 그 시절을 지난 오늘은 무슨 꿈을 꾸고 있는 걸까요. 평범한 중년의 일상, 약간의 권태 속에서 오늘도 내 가족의 안위와 지금의 위치에 감사할 뿐, 또 다른 꿈 따위는 역시 생각지 않습니다.

그러나 그러면서도 한번쯤 생각해 봅니다. 내게도 건강한 육체와 '지도 밖'을 향하여 행군할 수 있는 그런 능력이 주어진다면…. 꿈일 뿐인 줄 알기에, 꿈처럼 꾸어 보는 것입니다.

(한국수필 2007. 9.)

외출

알 수 없는 무력감으로 며칠을 누워 지냈다. 자신을 추슬러야겠다는 생각을 하며 혼자 외출을 했다.

신문에 소개된 화가의 초대전을 보기로 했다. 버스 한 번 타면 되는 인사동 거리를 꽤 오랜만에 갔다. 화랑에 들러 K씨의 작품전을 봤다. "이른 새벽 정안수 앞에 서 계신 어머니의 모습을 애타는 먹빛 몇 점으로 그릴 수는 없을까, 그것이 화두였다."는 작가의 말에 이끌렸다. 19C 말에 사라진 배채기법을 복원했다는 것에도 호기심이 일었다. '배채(背彩)'란 화면의 뒤쪽에서 색을 입혀 앞면으로 은은하게 배어 나오게 하는 전통의 인물화 기법이라고 한다. 20번 이상 칠을 해야 앞에서 색채가 드러나는 어려운 과정이라 했다.

표현하고자 하는 주제만을 살려내는 데는 싹 채우지 않은 동양화의 여백이 한몫을 한다. 그의 그림은 평범한 가족의 모습이 소재가 되었다. 아이들의 천진한 표정과 작은 발가락 하나까지 세밀하게 그려져 있다.

오랜만에 혼자 외출을 한 내 발걸음이 활기차다고 스스로 느낀다. 혼자라는 것, 때론 그것이 한없이 편할 때가 있다.

시와 판화전이 열리고 있는 곳을 지나치다 다시 발길을 돌렸다. 글과 그림이 만나 하나로 되어 있다. "…누가 알랴, 아무도 닿지 않는 곳에 고독이 있다는 것을…" 이렇게 시인은 글로 내면을 표현하고 그 시를 읽은 화가는 색채와 기하학적인 형태로 심상을 표현했다. 그러나 20C 현대 미술의 추상주의 앞에서 내가 가진 안목으로는 그 내면의 정서를 다 읽어내기가 쉽지 않다. 그림보다는 시에 친근감이 갔다.

미리 전화로 장소를 물어 두었던 갤러리 S를 찾았다. 그곳에는 시집과 산문집까지 내었다는 여류화가의 유화전이 열리고 있다. 동·서가 반대라는 것은 그림에서도 확연하다. 한 치의 여백 없이 덧바른 유화는 작가가 만들어 내는 오묘한 색채의 창작이다. 「내 생의 바다」 「세월을 비껴가며」 「새는 늘 외롭고 인간은 가끔 외롭다」 등 그녀의 그림은 내면을 그린 한 폭의 시며 수필이다. 새, 나무, 바다, 집 등 일상의 사물들이 새로운 의미로 살아나고 있다. 삶이란 그 일상들 속에서 내가 함께 존재하는 것이리라.

S화랑을 나와 '인데코' 갤러리 앞을 지나며 J여사 생각에 가슴이 찡하다. 어느 시인은 이 세상을 잠시 소풍 나온 것이라 했다. J여사도 이 세상에 잠시 외출을 나왔다가 돌아간 것일까? 나이가 한참 연장인 J여사와는 1년여를 같은 화실에서 그림을 그렸다. 장자(莊子)를 좋아했고, 먹고 자는 시간까지 아끼며 그림과 독서만을 하던 분이었다. 내가 화실을 그만둔 후 그분은 몇 번의 전시회를 가졌다. '인데

코' 전시장을 찾아갔던 가을에 시간이 맞지 않아 못 뵙고 돌아온 것이 마지막이었다. 지병인 당뇨의 합병증으로 갑자기 돌아가셨다는 소식을 이듬해 화사하던 봄날에 들었다. '모든 것을 머리가 아니라 가슴으로 이해하라'고 늘 웃으며 내게 충고를 해 주었었다.

나에게 있어 가끔의 외출은 들숨이며 날숨이 된다. 이산화탄소를 내뿜고 신선한 산소를 들이마시듯 생활에 숨통의 역할을 한다.

서른 후반에 들어설 무렵, 모 잡지사에서 매년 개최하는 '시인 학교'에 참석했다. 결혼 후 10년 만에 남편과 아이들로부터 떨어져 나와 홀로 간 3박 4일의 외출이었다. 그때 나는 일상의 무미건조함에 몹시 목말라 있었다. 굽이굽이 안개 자욱한 대관령 길을 오르는 버스 안에서 차창 밖으로 이름 모를 노란 들꽃들을 바라보았다. 괜히 주르륵 눈물이 흘렀다. 내 안에 오래도록 토해내지 못한 이산화탄소가 가득 차 있었다. 일정을 마치고 돌아오는 길에서 자리를 함께 한 황금찬 시인께 "10년만의 외출이었어요."라고 했더니 "영화제목 같군요" 하며 웃으셨다. '7년만의 외출'에서 마릴린 먼로는 바람에 올라가는 치맛자락을 내려잡는 모습으로 많은 이들의 가슴속에 영원히 살아 있다. 영화 제목과 어울리는 그녀의 모습은 몹시 행복한 표정이다.

외출은 어딘가에 설렘이 숨어있는 바람 같기도 하다. 시인 미당은 "나를 키운 건 8할이 바람이었다."고 썼다. 내 안에 윙윙대는 바람을 쏟아 버리러 나서기도 하고 바람처럼 휘익 휘젓고 다시 돌아오기도 한다.

오래된 흑백 영화 「밀회(密會)」 속의 로라. 평범한 아내였던 로라는 목요일마다 외출을 한다. 처자 있는 남자 의사를 만나기 위하여…. 우연한 만남에서 시작되어 흔들리는 두 남녀. 그러나 중년의 분별력은 만남을 조용히 정리한다. 아내를 지켜보기만 했던 로라의 남편. 목요일이 되어도 외출을 하지 않는 아내에게 그의 마지막 대사는 오랫동안 감동으로 가슴에 새겨져 있다. "이제 돌아온 거요. 여보!"

나는 오늘 인사동 찻집에서 작설차의 쓴맛과 단맛을 음미해 가며 참으로 호사스런 외출을 즐겼다. 이렇게 누리는 외출의 쾌감은 산뜻한 바람으로, 새로운 에너지가 되어 나를 지탱하는 데 한몫을 한다. 사람은 참으로 '빵만으로는 살 수 없는 동물'인가 보다.

(수필과 비평 1999. 7·8월)

유혹

주류(酒類) 매장에 갔다. 선물할 술을 한 병만 살 생각이었다. 진열대에 놓여있는 다양한 술의 종류 앞에서 한참을 머뭇거렸다. 조니워커, 발렌타인, 시바스리갈, 로얄살루트 등, 위스키의 종류는 발효 햇수에 따라 가격차이가 현저하다. 와인 또한 프랑스와 이탈리아 산(産)뿐만 아니라 남아공과 유럽 산 등 여러 나라의 상품들이 가득 진열돼 있다. 유리 고리가 달린 와인 병이 예쁘기에 백포도주와 적포도주 두 병도 장바구니에 함께 담았다.

나는 술을 마시지 못한다. 가끔 사람들과 어울려 자리를 함께 할 때면 맥주 한 잔 못하는 사람이 무슨 글을 쓰느냐고 놀림을 받는다.

어제는 K선생님께 "첫 잔은 갈증을 위해, 둘째 잔은 영양을 위해, 셋째 잔은 유쾌하기 위해, 넷째 잔은 빌광하기 위해서라는데 어느 잔을 원하세요?"라고 했더니 "넷째 잔이 좋다"고 하여 함께 웃었다. 그러나 K선생님은 늘 한 잔밖에 술을 못 하신다.

알코올이 없어도 취한다는 20대 때였다.

"술을 마시다 보니 어느덧 날이 어둡고/ 오지랖에 수북이 쌓인 낙화여! / 시냇물의 달 밟고 돌아갈 제/ 새도 사람도 없이/ 나 혼자로라."는 주선(酒仙) 이태백의 「자견(自遣)」이라는 시를 어느 책에서 읽었다. "'낙화영아의(洛花盈我衣)-낙화가 오지랖에 수북이 쌓였다'는 절구에 그만 눈물이 돈다."고 써놓은 작가의 글귀가 스물 몇 살이었던 내 가슴에도 파장을 일으켰다. 그해 여름 부지런히 과일주를 담갔다. 포도, 다래, 머루, 가을의 노란 국화주까지 방안 가득 술병이 놓여졌다.

과일들의 색깔이 곱게 우러난 어느 날 밤, 술을 한 잔 따라서 마셔보았다. 쓰게 느껴지는 소주의 맛과 달리 설탕이 가미된 머루주는 달짝지근했다. 그 뒤 자꾸 술병 쪽으로 눈과 마음이 갔다. 첫날의 한 잔이 이튿날엔 두 잔이 되고 다음날엔 석 잔, 넉 잔이 되어갔다. 그러길 며칠, 슬그머니 겁이 났다. 의미 없는 것에 습관이 되어 끌려가고 있다는 생각이 들었다. 투명한 유리잔에 붉은 술을 따라 홀짝이며 공연히 겉멋을 부리고 있다는 생각이 들자, 다음 날부터 단호히 과일주의 유혹을 끊었다. 취하도록 마셔보지도 못한 채였다.

남편은 가끔 술을 마신다. 어쩌다 과한 날은 현관문을 열고 들어와 소파에 몸을 던진 채 그대로 잠들어 버린다. 내가 술을 마시지 않는다는 걸 알면서도 그는 가끔 소화제라며 한 잔 마셔 보라고 권한다. 그럴 때면 인상을 찡그리며 잔을 비운 뒤, 한 잔을 스스로 더 마시기도 한다. 그리곤 괜히 마시라고 해서 다리가 후들거리니 배가 아프니 엄살을 떤다.

장(腸)이 약한 탓인지 알코올이 한 잔만 들어가도 배가 알싸하게 아파 오면서 어깨에 힘이 쭉 빠진다. 어쩌다 어울리는 자리에서 잔이 오가게 되면 그 배 아픈 고통이 괴로워 두어 잔 마신 다음부터는 요령껏 술잔을 처리했다. 그러다보니 남들처럼 가슴이 뜨끈해지고 기분이 풍선을 탄 것처럼 붕 뜨는 것 같다는 단계까지를 가보지 못하고 만다.

술에 취해 본 기억이 없다고 했더니 "정말이에요?" 하고 후배 S가 눈을 동그랗게 떴다. 취할 때까지 마셔야 할 필요가 있느냐, 는 나의 말에 '알고 보니 재미없는 사람'이라며 실망하는 눈빛을 보였다.

친구들과 어울려 노래방도 가고 우스갯소리도 잘하는 나를 두고 사람들은 대범하다느니 술을 꽤나 잘 마실 것 같다느니, 라고 말한다.

사람에게는 동전의 양면처럼 다른 면이 함께 있다. 대범함 속엔 나의 소심함이 함께 있고, 몽환적인 성격 속엔 이성의 강한 절제가 있다. 이것은 나의 이중성이다. 사실, 내가 두려워하는 것은 위(胃)와 장(腸)의 고통만이 아니다. 알코올의 기운 앞에서 이성의 줄을 놓게 되지는 않을까 겁내는 나의 소심함도 있다. 내 안에 드러남을 두려워해야 할 무엇이 숨어있는 것일까.

"여보게, 나는 이제 이 호박빛 액체가 주는 마술의 힘을 빌려 나의 새끼손톱으로 요놈의 '지구' 덩이를 튕겨 버리려네."라고 시인을 노래하게 만드는 알코올의 마력은 무엇일까? 이성 뒤에 숨은 또 다른 호기심은 뱀이 이브를 유혹하듯 가끔 나를 유혹한다.

며칠 전, 드디어 나는 나를 '재미없는 사람'으로 만든 그의 정체를 시험해 보기로 했다.

한약재를 넣고 생쌀발효법으로 빚어 뒤끝이 깨끗하다고 쓰여 있는 알코올 13%의 약주(藥酒)였다. 먼저 밥으로 위를 조금 채운 뒤 작은 유리잔 가득 노르스름한 액체를 따라 단숨에 쭈욱 마셨다. 석 잔을 거듭 비우자 아랫배에 약간의 신호가 왔다. 소주병보다 큰 375ml 용량의 1/2을 마셨다. 기대와 달리 아무런 변화가 없었다. 작정을 한 만큼 끝을 보고 싶었다. 뽀얀 술병을 다 비웠다.

'풍선을 탄 것 같은 기분이 되겠지. 세상이 내 것처럼 느껴지겠지. 가슴이 뜨거워 오지 않을까. 나도 모르게 노래가 나올지도 몰라. 이제 눈앞의 사물들이 춤추듯 보일 거야.'

마룻바닥의 선을 따라 걸어 보았다. 그런데 두 발은 선을 벗어나지 않고 흐트러짐 없이 곧게 나갔다. 가슴도, 사물도 어떤 변화도 일어나지 않았다.

난생 처음 시도했던 그 날의 모험은 맹물처럼 싱겁게 끝나고 말았다. 지레 겁을 먹었던 지난날들이 억울하기까지 했다. 그날 이후 난 알코올 성분이 든 액체가 만만해 보이기 시작했다. 앞으로도 과거처럼 술잔을 요령껏 처리하게 될지 알 수 없는 일이다.

얼마를 마셔야 나를 잃어버리고 술과 내가 하나가 될까? 알코올의 마력이란 어떤 것일까? 아직 호기심이 사라진 것은 아니다.

선반 위에 장식품처럼 놓아둔 와인 병 한 쌍이 나에게 윙크를 한다.

(문학공간 2001. 3.)

가지를 찌면서

어머님, 진달래가 이 산 저 산에서 피어나기 시작하던 봄날 어머님 세상 떠나셨는데, 어느새 봄꽃들이 져버리고 신록이 아름답습니다. 아파트 화단의 붉은 영산홍 꽃무더기 앞을 지날 때마다 꽃을 좋아하시던 어머님 생각이 났습니다. 어머님이 보셨다면 '야야, 꽃이 이쁘기도 하다' 하시며 웃으셨을 텐데요.

오늘은 저녁 찬거리를 사러 마트에 갔다가 보라색 가지를 사가지고 왔습니다. 저는 지금도 가지로 반찬을 만들 때면 그때 일이 생각나곤 합니다. 제가 결혼을 했던 그해 여름, 시댁에 내려갔을 때였어요. 어머님은 부엌에 있는 저와 막내 애기씨에게 가지가 다 익으면 곤로불을 끄라, 하시곤 잠시 어디론가 가셨지요. 그 말을 듣는 순간부터 기슴이 두근거렸던 저는, 어머님이 나가신 뒤 냄비뚜껑을 두어 번 열어보다가 슬그머니 석유곤로의 불을 꺼버렸어요. 가지를 알맞게 익힐 자신이 없던 저는 너무 물러 못쓰게 되기보단 차라리 덜 익혀서 다시 찌는 쪽이 낫겠지, 라는 생각을 하면서요. 조금 뒤, 어머님은 돌아오셔서 냄비뚜껑을 열어보시더니 애기씨를 보고, 가지가 다 익지도 않았는데 왜 벌써 불을 껐냐고 나무라셨지요. 제가 불을 끈 것을 알고 있는 애기씨는 별 다른 말을 하지 않았고, 저는 그저 옆에서 아무 말도 못하고 있었어요. 그때 얼마나 민망하고 가슴이 콩콩 뛰었는지요. 그 일을 생각하면 지금도 애기씨에게 미안한 생각이 들어요.

그런데 어머님, 아직도 가지를 찌는 일은 여전히 어려워요. 지금은 불을 켜놓은 사실을 깜박 잊어버려서 낭패를 당하는 때가 더러 있어요. 이렇게 둔한 제가 어머님의 셋째 며느리로서 고부(姑婦)의 인연을 맺고 지낸 세월이 25년이었습니다.

여고 졸업식을 마친 며칠 뒤, 몇몇의 친구들이 모였었지요. 어느 여관에 유명한 점쟁이가 머물고 있는데 우리 한 번 재미삼아 가보자고 누군가 말했어요.

점쟁이는 저를 보고 "엄마가 둘이네."라고 했습니다. 아버지가 바람을 피워 첩을 얻든가, 엄마가 돌아가실 것이라는 말이었어요. 날벼락 같은 소리였지요. 그날, 저는 친구들을 두고 혼자서 먼저 집으로 돌아와 버렸습니다. 왜 이리 일찍 왔냐는 엄마의 물음에 아무 말도 하지 않았습니다.

난 빨리 엄마를 두 분 만들어야겠다고 생각했어요. 그것이 미리 액땜을 하는 양방(良方)이라는 생각이 들었기 때문이죠. 누군가를 택해 수양어머니를 맺든가, 얼른 결혼을 하여 시어머니를 두는 방법밖에 없다는 생각이 들었습니다. 그러나 그 나이에 결혼을 할 수도 없는 일이며, 수양어머니를 맺는 일도 쉬운 일이 아니었습니다.

그 뒤, 7년이 지난 후에야 결혼을 하게 되었던 저는 점쟁이가 했던 말이 떠올라 드디어 어머니가 둘이 되었구나, 다행이구나, 생각했어요. 혹, 시어머님이 안 계시는 집안과 혼인을 할 수도 있는 일 아니었겠어요.

어머님은 연약한 친정어머니와 달리 체격이 크고 대범한 성격이셨지요. 작은 일에 연연하지 않고 사리에 밝으며 이웃들에게 너그러우셨어요. 전 그런 어머님의 성격이 좋았지만 어렵기도 했어요. 한 번은 어머님 앞에서 어린 아들놈을 꾸짖을 때였지요. 제 감정을 억제하지 못하고 잔소리를 반복하는 제게 어머님은 "됐다. 애를 야단칠 땐 한마디로 따끔하게 하고 말거라." 하셨지요. 팔 남매를 키운 어머님의 지혜였습니다.

아버님이 계셨을 땐, 연례행사처럼 봄이면 두 분이 함께 서울 나들이를 하셨지요. 준비해 오신 고추장거리들을 들고 세 명의 아들집을 돌며 집집마다 항아리 그득 고추장을 담아 주곤 내려가셨어요. 음식 하는 일에 자신이 없는 저는, 두 분이 오신다는 연락을 받으면 언제나 안절부절 했습니다. '딸 같은 며느리'라시던 아버님은 편안하였지만, 어머님은 제 서툰 살림솜씨를 다 아실 것만 같아 스스로 마음이 편치 않았습니다. 그러면서 어머님을 뵙게 되면 "어머님", "어머님" 하고 어린아이처럼 연신 어머님을 따라다니며 불러대기만 했지요. 그리곤 어머님 옆에 앉아, 어머님이 당한 시집살이 이야기라든가 살림을 일궈낸 이야기, 남편의 학창시절 이야기 등, 반복하여 듣는 이야기일지라도 그저 이야기 듣기만을 좋아했지요. 어머님은 아셨어요. "예, 예, 어머님" 하고 매사에 대답만 찰떡같이 잘할 뿐이지,

약지도, 당차지도 못하여 집안일을 의논하거나 무엇을 맡길만한 믿음직한 며느리는 아니라는 것을요.

곤로불을 꺼놓고 가슴 두근거리던 때가 엊그제 같은데, 오늘은 가지를 찌면서 어머님이 안 계시다는 생각에 가슴이 멥니다. 어머님, 인연 맺은 사람과의 관계도 가지를 찌는 일과 같겠지요. 설익거나 너무 물러서 못쓰게 돼버린 가지와 같은 관계가 되지 않기 위해서는, 사람 사이에도 적당한 관심과 시간이 필요하며 또 잊지 않고 마음을 써야 하는 것이라는 생각이 듭니다.

어머님, 오늘은 보라색 가지가 알맞게 익은 듯 합니다. 이제 가스불을 끄면 제 몸의 열기로 조금 더 물러질 것입니다. 어머님과 맺은 고부의 인연이 적당히 무른 가지처럼 될 수 있었던 것은 저의 부족함을 아쉬워하기보다 제가 지닌 색깔을 그대로 인정하신 어머님의 크신 마음 때문이었습니다.

25년 동안 제게 '또 다른 엄마'가 되어주신 어머님. 이제 어머님은 여든다섯 해의 세상 연을 끊고 떠나셨지만, 어머님의 아들인 남편을 통하여, 또 제 아들인 어머님의 손자를 통하여, 어머님과 맺은 인연의 끈은 길이 이어질 것입니다. 어머님, 편히 잠드십시오.

(문학미디어 2007. 여름)

빗속의 산행

'산그늘에 얼굴을 가리고 펑펑 울기에 참 좋은 날'이라고 쓴 어느 시인의 글이 아니더라도, 산에 가고 싶었다. 오월의 마지막 주말, 펑펑 울지 않아도 나를 위로해 줄 무엇이 산속에 있기나 하는 것처럼.

소백산을 오르기 위해 친구와 함께 단양의 천동매표소에 도착한 이른 아침. 흐렸던 하늘이 개이고 반짝 해가 나더니 갑자기 후드득거리며 빗방울이 떨어진다. 환한 햇살 속으로 떨어지는 빗줄기가 마치 다이아몬드를 흩뿌리는 듯하다. 준비해간 우의를 꺼내 입고 '다리안 계곡'을 따라 산길로 들어섰다.

"아, 좋다!" "정말 좋다!"

바위를 돌고 돌아 서로를 껴안으며 흘러가는 계곡의 물줄기, 작은 얼굴을 내밀고 있는 보랏빛 풀꽃, 길을 가로질러 쪼르르 달아나는 다람쥐, 뽀얀 산 목련꽃. 산이 품고 있는 모든 것들 앞에서 친구와 나는 마치 어린아이처럼 감탄사를 연발한다. 친구가 들어올린 한 손에 손을 맞추어 '하이파이브'를 한다. 순간 눈시울이 뜨거워진다.

어떤 인간관계로 나는 봄 내내 몹시 우울해 있었다. 삶이란 때로 전혀 예상치 못한 일 속에 휘말리기도 하는 것, 알면서도 상처는 쉬이 아물지 않고 오래 아프다. 그런 나의 기분을 알기에 친구는 삶의 터전이 멀리 떨어져 있건만 선뜻 오늘의 산행을 함께했다. '어디'라는 것도 중요하지만 '누구'와 함께라는 것이 더 중요하다 하지 않던가.

굳이 정상을 올라야 할 일도 없고 줄줄이 이어지는 등산객들을 앞서야 할 까닭도 없다. 빗속에서도 마냥 발걸음이 여유롭다. 느릿느릿 얼마나 걸었을까. 우의를 입은 몸에 땀이 찬다.

'숲은 늘 변하고 있다'라고 쓰인 팻말을 바라보며 젖은 바위에 걸터앉아 커피를 마신다. 흐르는 시간 속에서 변하는 것이 어디 숲뿐이겠는가. 날씨도 변하고, 사람도 변하고, 우리네 인간사도 변하지 않던가.

스물세 살의 오월, 처음 소백산 등반을 했었다. 육촌 오빠를 따라 오빠의 회사 산악회 회원들과 함께 산 아래서 텐트를 치고 일박을 했다. 그때도 정상에 이르기 전 중간쯤에서 비가 왔고 난 빨간색 판초를 입고 진달래 꽃무더기를 배경으로 사진을 찍었다.

내가 중학생이던 무렵, 집안의 행사로 육촌 오빠와 만나게 될 때면 나보다 세 살이 많은 오빠는 내 앞에서 늘 이야기꾼이 되곤 했다. 무임승차를 한 뒤 검침원의 눈을 피해 기차 칸을 옮겨 다녔다는 무전여행 이야기를 할 때 오빠는 가장 신이 났고, 함께 듣고 있던 당고모는 어느 대목에 이르러 순전히 허풍이라며 면박을 주곤 했다.

그러나 몇 년 전, 회사에서 갑자기 쓰러져 사경을 헤매다 깨어난 오빠는 이제 다시 산을 오를 수 없게 되었고, 네게 들려주던 무용담

들을 기억하고 있는지 알 수 없다. 오빠와 동갑이던 당고모도 지난 해 갑자기 세상을 떠났다.

두 시간 가까이 쉬엄쉬엄 올라갔을 때 해발 1,035m라는 표지석이 있는 '천동쉼터'가 나타났다. 발걸음을 멈춘 우리는 눈앞에 펼쳐진 경관에 다시 탄성을 질렀다. 고운 명주실이 풀어져 내리는 듯하던 빗줄기가 잠시 멈추고 자욱하게 피어오르는 회색 안개. 안개 속으로 어렴풋이 보이는 등산로의 통나무 울타리가 하늘로 오르는 다리 같다. 쉼터에 머물러 있는 등산객들의 표정이 모두 상기되어 있다. 아직도 내 안에 그리운 사람을 두었는가. 누구에겐가 전화를 걸어 지금의 풍광을 전하고 싶은 충동이 인다.

다시 한 시간쯤 올라갔을 때, 까만 몸통이 비에 젖어 반들거리는 아름드리 고사목 한 그루가 길옆에 서서 오가는 이들의 눈길을 받고 있다. '살아서 천 년 죽어서 천 년'이라는 나무, '주목'이다. 나무에게 천 년의 목숨이 주어졌다 해도 이 또한 영원성을 지니지는 못한다.

비로봉 정상을 눈앞에 두고 발걸음을 떼기조차 힘들게 비바람이 몰아친다. 비바람과 함께 다시 천지를 덮어버린 자욱한 안개. 발밑만 겨우 보일 뿐 한 치 앞조차 보이지 않는다. 이런 안개에 갇히기는 처음이다. 자연 앞에서 인간 존재란 미약하기 그지없다. 밧줄을 잡고 간신히 발걸음을 뗀다.

'천상의 화원'으로 불린다는 이 평원의 야생화들도 오늘은 안개 속에 묻혀 버렸다. 그것들은 바람이 부는 방향 대로 누워 흔들리고 있을 것이다. 그러나 비바람은 계속되지 않는다는 것을 그 여린 생명들도 알고 있으리라.

해발 1,439m의 비로봉 정상. 빗줄기는 다시 가늘어졌다.

하산 길, 친구의 발이 주르륵 미끄러진다. 그래, 세상 모든 일들이 오르기보다 내려오기가 어렵다하지 않던가. 내리막에서 더 마음을 다잡아야 한다는 것을 알면서도 쉽지가 않다.

'숲은 늘 변하고 있다.'라고 쓰여 있는 팻말 앞을 다시 지난다. 이 순간에도 숲 속에선 많은 것들이 사라져 가고 태어나고 자라며 보이지 않는 변화를 거듭하고 있을 것이다. 소멸과 생성의 끝없는 변화가 있기에 숲은 숲으로, 산은 영원히 산으로 존재할 수 있다.

우리의 인생도 만남과 헤어짐으로 이어져 가는 것. 가고 오는 인연의 변화 앞에 연연해 할 것이 무엇인가. 사람 사이의 '믿음'에 회의를 갖게 하면서, 나의 마음을 아프게 하고 멀어져 간 사람은 나와 연이 다하여 그리되 것일 뿐이리라.

산꼭대기에서 뿌리 내리고 있는 나무의 고독과 아무도 보아주는 이 없는 골짜기에서 저 홀로 피었다 지는 작은 풀꽃의 한 생애를 생각하면 언제나 가슴이 뭉클하다. 나의 삶 또한 그들과 다를 것이 무엇이랴. 자연 앞에 서면 미움과 질투, 욕망과 분노, 절절한 사랑까지도, 세상의 잡다한 인간사가 하찮기만 한 것을…. 이제, 봄 내내 내 속에 들어있는 우울과 갈등을 나는 그만 털어내야겠다.

펑펑 울지 않아도, 산의 품으로 들면 마음이 비워지고 편안해진다. 친구는 내 손을 잡고 흔들며 노래를 흥얼거린다. 그는 나에게 또 다른 아름다운 산이다.

산을 다 내려오자 비가 완전히 멎는다. 저물어 가는 하늘이 훤해지고 있다.

제2부

알강달강

아카시아 꽃향기 바람에 날리면

떨어진 꽃잎들이 오월에 내린 흰 눈 같다. 고개를 들어 하늘을 향해 서 있는 나무들을 올려다본다. 꽃봉오리들을 가득 이고 나뭇가지들이 일렁일렁 바람결에 흔들거리고 있다. 맑은 햇살, 훈훈한 바람, 크고 작은 초록 풀들, 모든 것들이 감미로운 노래를 하는 듯한 계절이다.

늘어진 꽃가지를 잡고서 코끝에 대어본다. 이 강한 향기가 왜 내겐 신비스런 요술 상자가 되어 가슴으로 안겨오는 걸까. 상자를 열면, 햇살이 반짝이며 부서져 내리던 오래된 옛길이 떠오르고, 그 길을 걸어가는 단발머리 소녀와 자전거를 타고 달려가는 소년의 모습이 날아오른다.

K를 처음 본 것은 초등학교 5학년 때였다. 안개를 걷어낸 금빛 햇살이 동쪽에서 뽀얗게 쏟아져 내리던 봄날, 소풍을 가기 위해 전교생이 운동장에 모여 있었다. 나보다 한 학년 위였던 그의 반이 내가

서 있는 줄의 옆줄이었고 그 줄의 맨 끝에 그가 서 있었다. 다른 아이들보다 한 뼘이나 키가 크고 얼굴이 훤한 그를 보는 순간, 난 '저 애가 어른들이 말하던 아랫마을에 사는 2대 독자(獨子)라는 아이로구나'라는 생각을 하며 한 번 더 슬쩍 뒤를 돌아다보았다.

중학생이 되었다. 읍내에 있는 학교까지 십여 리 길을 걸어서 다녀야 했다. 야산과 기찻길과 개울을 거느린 신작로를 따라 오 리쯤 걷다보면 갈림길이 나오는 곳에서부터 고갯길로 접어든다. 고갯길은 언덕 밑으로 줄줄이 아카시아 나무가 심어져 있었다.

초여름이 되자 그 길은 흰 레이스 자락을 걸쳐놓은 듯이 뽀얀 아카시아 꽃들이 주렁주렁 피어났다. 아침이면 아랫동네서 합류하는 남, 여학생들과 군청소재지로 출근하는 사람들의 행렬이 꽃을 늘어뜨리고 서있는 아카시아 나무 고갯길로 이어졌다. 고갯마루로 접어들면서 우리의 걸음은 느려졌고 이마에 촉촉 땀이 배었지만, 반짝이며 쏟아져 내리는 아침 햇살 속으로 걸어가는 사람들의 표정은 오월의 신록과 함께 싱그러웠다.

어느 날의 하굣길, 아카시아 꽃길을 따라서 혼자 걷고 있었다. 언제 다가왔는지 검은 자전거 한 대가 옆에 와서 멈췄다. K였다.

그는 내게 머뭇머뭇 흰 봉투를 건넸고, 내 책가방을 자기의 자전거 뒤에 싣지 않겠냐고 물었다. 나는 봉투를 손에 쥔 채 말없이 고개를 가로저었다. 잠시 머뭇거리던 그가 다시 자전거의 페달을 밟으며 달려갔다. 멀리서 들일을 하는 어른 두어 사람이 보일 뿐, 뻐꾸기 울음조차 들려오지 않았다. 나는 그가 달려간 길 위를 땅만 내려다보며 걸었다. 한적한 오후의 시골길, 고요 속에서 아카시아 꽃향기만이 사방을 감돌고 있었다.

내가 중학교 삼 학년이 되던 해, 그는 서울에 있는 고등학교로 진학을 했다. 그리고 다시 그의 편지를 받았다. "까만 밤을 하얗게 지새우며 나의 소녀에게 편지를 쓴다. …"고 보내온 그의 글은 필체가 수려했다. 처음 집을 떠나 바뀐 환경이 아마 그를 더욱 편지쓰기에 몰두하게 했을 것이다. 그의 편지가 거듭되던 어느 날, "멀리서 기적소리가 들리는 밤 어느 소년을 생각하며…"라고 미사여구를 섞어 나도 답장을 썼다. 하이네의 시를 적어 보내고, '발밑에는 자욱한 안개속에 학교의지붕이 내려다보이고…'라든가 '우리 사이에 세월이 스쳐 지나간다 해도…' 따위의 시구들을 베껴 보낼 때면 가슴이 설레었다.

"지금도 글 써?" 마흔 살의 중년이 된 K를 우연히 만난 것은 초등학교 담임선생님의 경사에 갔을 때였다. 그는 여전히 체격이 컸지만 옛날과 달리 얼굴빛이 조금 검어보였다. 우리는 한 번도 잡아보지 않은 손을 잡고 악수를 했다. 그는 손을 놓으며 지금도 글을 쓰냐고 내게 물었다. 아마, 학창시절 문예반 활동을 하던 일을 떠올렸던 모양이었다. 나는 이제부터 수필 공부를 할 계획이라고 말했다.

K는 직장을 C시로 옮긴 뒤에도 고향의 문학동인회 회장을 맡고 있으며 지방 신문에 칼럼을 쓰는 등, 꾸준히 시작(詩作)을 하고 있었음을 그 뒤 고향에 내려갔다가 우연히 알게 되었다.

몇 해 전 가을, 초등학교 총동문회를 한다는 연락을 받았다. 무엇때문에 가슴이 두근거렸을까. 많은 선후배들 가운데서 그의 모습은 보이지 않았다. K와 같은 동네에 살던 P에게 난 슬쩍 그의 안부를 물었다.

"K가 몹시 아프다고 들었어. 아직 직장을 나가고는 있나본데, 자세히는 나도 잘 모르겠어."

순간, 가슴속에 둥그런 구멍 하나가 뻥 뚫리며 그 속으로 휭 하고 바람 한 자락이 들어오는 듯 했다. 그리고 잠시 뒤, 난 슬며시 그 곳에서 빠져 나왔다.

그 이후 K의 소식을 듣지 못했다.

아카시아 꽃이 피던 계절에 꽃향기를 묻힌 채 내게로 달려왔던 열다섯 살 소년은 어느새 지천명(知天命)이 되었고 지난 날, 그는 한 발 앞서고 나는 한 발 뒤에서 말없이 걷던 고갯길은 이제 고속도로가 생기면서 아카시아 나무들이 모두 베어졌다.

또 다시 오월이 오고 사방에서 아카시아 꽃향기가 날아들건만, 건강이 회복되어 잘 지내고 있다는 소식이 바람결에 실려 오길 간절히 바랄 뿐, 올해도 나는 그의 안부를 아무에게도 물어보지 못하고 있다.

산들거리며 한 줄기 바람이 지난 후에도 툭, 툭, 힘없이 땅으로 내려앉는 꽃잎들. 떨어진 흰 꽃잎을 주워 손바닥 위에 가만가만 올려놓는다.

(에세이스트 2006. 11·12월)

알강달강

"알강달강 알강달강 서울 가서 밤을 사다 곳간에다 감췄더니…." 라디오에서 흘러나오는 민요 소리에 다림질하던 손길을 멈추고 숨을 죽인다. 구전되어 오는 민요를 채집하여 들려주는 「우리의 소리를 찾아서」라는 MBC 라디오의 고정 프로그램이다. 할머니들이 손자·손녀가 귀여워 어르며 부르던 노래라고 소개를 한다. 현장감이 느껴지는 노인의 노랫소리를 들으며 반가움과 동시에 가슴이 아릿하게 저려온다.

일손을 놓고, 어둠이 내려앉기 시작하는 창밖을 내다본다. 오후가 되면서부터 내리기 시작한 눈으로 저녁의 풍경은 더없이 순하고 고요하다. 한 무리의 참새 떼들이 뜰의 나뭇가지 위에서 포르르 포르르 옮겨 다닐 때마다 가지 위의 눈꽃이 사르르 떨어진다.

알강달강 알강달강 한양 가서 밤을 사다 곳간에다 감췄더니 머리 검은 새앙쥐가 오민 가민 다 까먹고 다만 한 톨 남았는데 가마솥에 삶아

내어 조랭이로 건져서 껍데기는 에미 주고 속껍질은 애비 주고 알맹이는 니캉 내캉 다 먹자.

'니캉 내캉 다 먹자'라는 끝 구절에서는 언제나 나를 와락 안으시던 할머니. 언제부터 나는 그 노랫소리를 잊고 있었을까. 아득한 곳으로 사라졌던 할머니의 노랫소리가 눈 내린 이 저녁 나를 30년 전으로 돌려놓는다.

일찍 저녁상을 물린 할머니는 예닐곱 살 된 손녀의 손을 잡고 밤마실을 다니셨다. 그 날의 사정에 따라 장소를 옮기기도 하며 저녁마다 동네 안노인들이 네댓 분씩 모였다. 모임 장소로 정해진 집은 사랑방에 군불을 넉넉히 지피고 화로에 불씨를 수북이 담았다. 모인 분들이 화롯가에 빙 둘러앉으면 호롱불의 심지를 돋우고 글을 아는 분이 고저장단을 맞추어 이야기책을 읽기 시작한다. 글 읽는 소리를 경청(傾聽)하는 사람들은 가끔 맞장구를 치기도 하고 되묻기도 하며 이야기 속으로 빨려든다.

또래가 없어 윗목에서 혼자 곰지락대며 놀던 내가 할머니를 귀찮게 할 때쯤이면 화롯불이 사그라져 갔고, 모였던 분들은 뒷얘기의 궁금증을 누르며 내일 밤을 약속했다.

내가 먼저 발딱 일어나 문풍지 달린 방문을 열면 기척도 없이 흰 눈이 내리고 있었다. 댓돌 위에 벗어 놓은 내 신발 속에도 들어와 있는 눈송이를 털어 내고, 뽀얀 숫눈 위에 조근 조근 발자국을 찍으며 할머니와 돌아오던 겨울밤.

「심청전」「장화홍련전」「숙영낭자전」 등, 누런 빛깔의 작은 소설책을 들고 할머니를 따라다니던 겨울밤들이 기억 속에 포근하게 남아 있다.

할머니는 아들 딸 모두 8남매를 낳으셨다. 그러나 막내이신 아버지와 위의 고모만이 생존하셨다. 그 시절 한 둘의 자식은 잃기가 십상이었다지만, 장성하여 장가든 아들까지 먼저 떠났으니 할머니가 당한 그 참척(慘慽)의 아픔이 어떠했을까. 더욱이 마흔을 갓 넘어 남편마저 보내고 홀로 키운 자식도 있었으니 그 한을 어찌 짐작이나 할 수 있을까.

어느 해 가을, 마을 잔치가 열려 동네의 어른, 아이 모두 흥겹게 하루를 보냈다. 그러나 일찍이 남편과 여섯 자식을 가슴에 묻은 채 살아오신 할머니에게는 흥겨운 분위기가 오히려 고통이었나 보다.

느지막이 막걸리를 드신 할머니는 나를 바라보며 "이 가슴에 화가 있어. 내 이 가슴에 화 덩어리가 들어 있어." 하시며 주먹으로 당신 가슴을 치셨다.

술기운이 오른 할머니의 얼굴과 저녁 하늘을 붉게 물들인 노을 빛 때문에 하늘과 땅이 온통 벌겋게 보였을 뿐, 난 화[恨]가 무엇인지 모르는 열살박이 손녀였다.

내리사랑이라고 하지만 할머니는 하나 뿐인 아들인 아버지에게는 잔정 표현이 없으신 분이었다. 그러나 맏손녀인 내게 쏟는 무조건 사랑은 유별스러웠다.

한낮의 더위가 물러서는 해거름, 철길 건너 산등성이 밭에 옥수수를 꺾으러 갈 때면 동네를 한 바퀴 돌면서까지 나를 찾으신다. 밭 가장자리에 칡 이파리를 깔아 나를 앉게 하고 할머니는 일을 하시며 많은 얘기를 하신다. 그러나 기적의 여운을 남기고 굴속으로 들어가는 기차와, 마을에서 피어나는 저녁연기, 봉긋봉긋한 푸른 산봉우리들에게 마음을 빼앗긴 내게 할머니의 얘기는 귓가를 스칠 뿐 난 할머니의 얘기 동무가 되어 주지 못했다.

할머니는 대단한 이야기꾼이셨다. 알에서 나온 박혁거세의 신화며, 「지성이와 감천이」의 전래동화며, 중국의 요(堯), 순(舜)임금 이야기와 수수께끼 놀이까지, 밤이 긴 겨우내 할머니가 풀어내는 이야기 타래는 끝이 없었다.

그러나 이야기가 끝날 때마다 냉수를 한 사발씩 들이켜시며 이제 몇 시쯤 되었느냐고 연신 물으시던 할머니. 그 모든 이야기들은 삶의 여정에서 스스로를 위로하는 당신의 독백이 아니었을까.

언제부터인가 할머니는 차츰 청력을 잃어 갔고 내게 '통역관'이란 별명을 붙이셨다.

읍내에 머물면서 학교를 다니게 되어 주말이 되어야 돌아오는 손녀를 기다리느라 토요일이면 아침부터 대문 앞에 나와 앉아 계셨다. 책가방을 받으시고 얼른 방으로 밀어 넣으시면 '궤'에서 주전부리감을 꺼내 놓으신다. 이웃에서 가져온 알사탕이며 비스킷을 당신 입에 넣지 않고 모아 두신 것이다. 군것질을 좋아하지 않는 내가 먹지 않겠다고 퉁명스럽게 말하면 다른 사람 들어오기 전에 어서 먹으라고 채근을 하신다. 그리고는 일주일 동안 못했던 이야기들을 이것저것 물어 오신다. "요즘 애비 월급이 얼마라 하더냐? 쌀 한 가마니에 얼마나 가느냐? 대통령이 정치를 잘 하느냐?"까지. 들리는 소리를 잃으셨기에 모든 것이 더 궁금하고 답답하셨으리라. 그러나 난 "내가 그것을 어떻게 알아."라고 할머니의 귀에 대고 악을 쓰듯 쏘아붙이기 일쑤였다.

삶은 자신의 바람과는 상관없이 제 갈 길로 흘러간다는 것을 아는 나이가 되어, 한 여인으로서의 할머니 일생을 생각한다. 때로 가슴 깊숙이에서 토해내던 한숨의 길이와, 외로움의 무게, 그리움의 깊이가 내게 쏟은 사랑이었으리라.

이승에서 조손(祖孫)의 인연으로 16년을 함께 살다가 83세를 일기로 할머니 가신 지 25년이 넘었다.

입춘, 우수, 경칩, 춘분, 청명, 곡우… 어린 내게 24절기를 외우게 하시곤 "총명타! 총명타!" 하시던 그 사랑은 보이지 않는 곳에서 나를 세우는 힘이 되었다.

'조선에 둘도 없는 내 강아지'라던 할머니의 손녀가 어느새 불혹이 넘어 두 아이의 어미 노릇을 하고 있다. 이제 나보다 더 키가 커버린 아이들을 자랑스럽게 보여 드릴 수 있다면… 할머니는 그 아이들을 위해 다시 알강달강을 부르시리라.

"알강달강 알강달강…" 어린 나를 앉혀 놓고 부르시던 할머니의 노랫소리! 잊고 있던 그 노랫소리가 아리게 귓전을 맴도는 저녁, 나는 눈 내린 골목길을 망연히 내다보고 서 있다.

(수필과 비평 2000. 3·4월, 2000년을 대표하는 문제수필)

영화관이 보이는 찻집에 앉아

커피숍에 앉아 친구 K를 기다리고 있다. 그의 모습은 아직 보이지 않고 나는 창밖으로 길 건너 맞은편의 영화관을 내다보고 있다.

충무로 전철역 앞에 위치한 높은 건물의 영화관 벽엔, 젊은이들의 이야기인 듯한 「S다이어리」, 복고풍 가족영화라는 「우리 형」, 피어스 브로스넌과 줄리안 무어의 얼굴이 클로즈업되어 있는 「사랑에 빠지는 아주 특별한 법칙」 「비포 선셋」 「이프 온리」 등등…. 스무여 장의 영화 포스터가 서로 자신을 보아달라는 듯이 각각의 표정을 하고 말없이 붙어있다.

극장에 딸린 찻집의 야외 의자에 앉아 차를 마시고 있는 사람들, 매표창구 앞에서 표를 끊고 있는 사람들, 바쁘게 그 앞을 스쳐 지나는 사람들. 거리를 두고 바라보는 풍경이 마치 커다란 스크린 속의 한 장면 같다. 우리의 삶이 한 편의 영화라면 모두에게 '해피 엔드' 였으면 좋으련만…. 그러나 2차 대전 직후의 이태리 작은 마을이 무대였던 영화 「시네마 천국」에서 '알프레도'는 '토토'에게 이렇게 말하지 않던가. "인생은 영화하고는 틀려. 인생이 더 힘들지."

그 힘든 인생길에 영화라는 예술이 있어 우리는 목마름을 축이기도 하고 따스한 위로를 받기도 한다.

며칠 전, TV에서 소비에트연방 국가였던 '키르기스스탄'이라는 나라의 유목민촌 사람들이 영화를 보는 모습을 보았다. 말 위에 영사기를 싣고 20년째 그곳을 찾아가는 영화기사. 그는 마을 사람들의 단조로움을 깨는 반가운 손님이었다. 밤이 되자 유목민촌 사람들은 별이 총총한 초원 위에 앉아 천막 스크린 위로 펼쳐지는 영화를 보았다. 그들의 순박한 모습을 보며 난 내 가슴속에 있는 40여 년 전의 빛바랜 '추억의 영화' 같은 기억 속으로 잠시 빠져들어 갔었다.

액자 속에 갇힌 풍경화처럼 변화라곤 없는 시골마을에 천막 극장이 세워지면, 사람들의 걸음걸이가 은밀히 빨라지고 보이지 않게 들뜨는 마을의 분위기가 어린 내게도 전해져 왔다.

그 날 저녁, 할머니는 이웃집에 돈을 꾸러 다니셨다. "토요일 날 우리 애들 아비 오면 주마."라고 했다. 그 무렵 아버지의 전근으로 부모님은 어린 두 동생만을 데리고 이웃 면소재지에 가 계셨다. 밑의 남동생과 나를 가설극장에 보내기 위해 할머니는 십 원짜리 세 개가 있어야 했다. 아이스케이크를 사려면 마늘 몇 통만 주면 되었고 엿장수가 오면 약간의 고물이면 통하던 물물교환이 이루어지던 시절, 산골에서 현금을 보기란 쉽지 않은 일이었다.

누군가 입을 삐죽거렸다. "애들 영화구경 시키려고 돈을 꾸러 다니느냐?"고. 열한 살이었던 나는 영화구경을 가고 싶다는 생각도

안 했고, 어린 아이들까지 데리고 영화를 보러 가는 어른도 없었다. 그러나 그 날 할머니에게 '애들 영화구경'은 절대적인 것이었다.

십원짜리 몇 개를 한 손에 쥐어주고 다른 한 손은 두 살 터울의 남동생 손을 잡게 한 뒤 할머니는 나를 앞집 춘화 아버지를 따라 아랫마을로 내려 보냈다. "끝나고 올 땐 동생을 잘 데리고 오너라. 춘화 아버지를 꼭 따라 오너라." 할머니는 당부를 하셨지만 춘화 아버지는 우리를 돌봐야 할 의무가 없었다.

화면은 주룩주룩 비가 오는 듯 했고 그 위로 반짝반짝 정신없이 튀어대는 불빛, 그것이 60년대 한국 영화의 화질 때문이란 걸 알리 없는 나는 무슨 내용인지도 모르는 장면들을 쳐다보며 '영화 속에선 왜 저렇게 비가 올까'라는 생각만 했다.

영화가 끝나고 나면 산골의 밤은 어둡기만 하다. 우르르 나가는 사람들 틈에 밀려 몇 안 되는 윗마을 사람들을 놓칠까봐 가슴이 콩닥거렸다.

신작로는 논을 사이에 두고 산 아래 쪽의 큰 개울과 나란히 있었다. 어른들은 방금 본 영화 이야기를 하는지 그들끼리 수군거렸고 가끔 뒤를 돌아봐 주곤 앞서 걸었다. 그러나 곧 그들은 윗마을에 다다르기 전 중간쯤에서 골목으로 한둘 사라져갔고, 춘화 아버지마저 처갓집엘 들른다고 물방앗간 건너 집의 대문을 열고 들어가 버렸다.

방앗간과 윗마을 사이에는 박씨네 과수원이 있었다. 인가가 없는 과수원 앞을 지날 때는 개울물 소리가 더욱 크게 들렸고, 캄캄한 산 아래의 개울 위로 푸르스름한 물안개가 자우룩이 피어올랐다. 가쁜 호흡을 해가며 잰걸음을 해도 신작로는 마냥 길기만 하고 발걸음은 꿈속처럼 제자리걸음 같았다. 긴 과수원을 지나 윗동네의 불빛 속으로 접어들어서야 깊게 숨을 들이마셨다. 마을 앞 신작로 가에 할머니가 나와 계셨다.

그 후 어른이 된 어느 날, 문득 그 날 영화 속에서 본 얼굴이 도금봉과 엄앵란이었다는 생각을 해냈고 할머니 생각이 났다. 그 밤, 영화에 대해서는 한마디 묻지도 않으셨던 할머니, 나는 할머니도 영화구경을 해본 적이 있는지 없는지 할머니 생전에 한 번도 물어본 적이 없다.

그 날, 영화구경이 아닌 다른 무엇이었다 해도 할머니는 당신의 손녀에게 무조건 그 무엇을 해주고자 하셨을 것이다.

할머니에게 핏줄은 무엇이었을까. 당신의 운명 속에 여섯 자식을 가슴에 묻어야 했던 참척(慘慽)의 슬픔이 없었다면 내게 쏟는 사랑의 무게가 좀 더 가벼웠을까.

나는 이제 더운 여름에도 긴소매 옷을 들고 얼음 위의 쇼를 보러 가기도 하고, 큰돈을 주고 오페라 구경을 다니기도 한다. 그럴 때면 십 원짜리 동전을 꾸어다 나를 가설극장에 보내시던 할머니의 음성이 나에게만 들려오는 듯하다. '그래, 그건 사치가 아니다. 내 강아지, 너는 그렇게 살아라.' 그런 날, 이제는 불빛 휘황한 거리 위로 자가용을 타고 돌아오건만 아직도 푸른 물안개 자우룩하던 신작로가 눈앞에 또렷이 떠오르곤 한다.

극장 앞엔 여전히 사람들이 오가고, 영화가 시작된 걸까. 매표소 앞에 서 있던 사람들의 모습은 보이지 않는다. K가 오면 오늘은 한 편의 영화를 보자고 말해야겠다. (수필세계 2004. 겨울)

외가 이야기

어머니의 상심이 크다. 친정 부모처럼 생각하던 당신의 작은올케 언니를 잃으셨기 때문이다. 몇 년 전 큰외삼촌 내외가 떠나시고, 지난해 큰이모부가 가시더니 이번엔 작은외숙모님이 돌아가셨다. 동기간이 차례로 떠날 때마다 성정이 여린 어머니는 몹시 마음 아파 하셨지만, 어머니가 평소 작은외삼촌 내외분을 생각하는 마음이 특별하였기에 슬픔이 더 크신 듯하다.

내가 초등학생 시절, 어머니는 병명도 모른 채 앓고 계셨다. 그때 교직에 계셨던 작은 외숙모는 틈틈이 어머니를 모시고 병원을 다니셨다. 어머니는 늘 외숙모를 '교양 있는 언니'라 말했고 부모처럼 따르고 의지했다.

"혼자 계신 네 외삼촌이 어찌나 안 돼 보이는지. 내가 아주 뼈가 아프다." 작은외숙모의 삼우제에 다녀오신 어머니께 전화를 드렸더니 수화기 속에서 다시 목이 멘다.

오래 전 어머니는 내게 동화처럼 외가(外家)의 이야기를 들려주곤 하셨다. 그럴 때면 늘 꿈을 꾸듯 하시던 어머니. 아직도 외가의 가족들은 내게 어머니가 들려준 이야기 속에 머물러 있는데, 세월은 이야기 속 등장인물들을 자꾸 지워나가고 있다.

아버지가 타지에 전근을 가 계시는 겨울밤, 엄마는 낮은 촉수의 전등 아래서 양말이며 내의며 옷가지들을 깁기도 하고 밤이 깊도록 뜨개질을 하기도 하셨다. 동생들은 잠이 들고 초저녁잠이 없는 나는 또랑또랑한 눈망울로 이불 속에 발을 넣고 엄마 옆에 앉아있다. 그런 밤, 엄마는 아득한 옛날이야기를 마치 동화처럼 내게 들려준다. 엄마의 이야기는 늘 당신의 유년부터 시작하여 학창시절과 처녀시절을 거쳐 아버지와 결혼을 하기까지 끝없이 이어졌다. 엄마가 들려주는 그 시절의 이야기는 언제나 재미가 있다. 들을 때마다 처음 듣는 양 신기하고 흥미로워 엄마의 턱 밑으로 바짝 고개를 들이밀며 물었던 질문을 다시 묻기도 하고 고개를 끄덕이기도 했다.

"그때만 해도, 네 외갓집이 시골에서 제일 부자였단다." 그렇게 이야기가 시작될 때면 엄마는 이미 아득한 옛 시절로 돌아가 있다.

"원래는 네 작은 이모가 쌍둥이였어. 애기 땐 지금 이모보다 돌아간 이모가 얼마나 예뻤지, 오빠들이 그 동생만 데리고 놀러갔다가 그만 철길에서 떨어뜨렸다는구나. 그 뒤로 시름시름 앓다가 죽었지."

"지금은 이모가 그렇게 예쁜데 애기 땐 못 생겼었어?"

나는 신기해서 묻는다.

그러나 더 신기한 것은 외할머니가 쌍둥이를 낳았고, 다음 큰이모가 쌍둥이를 낳았고, 그 뒤 내 여동생이 쌍둥이를 낳게 될 줄을 그땐 몰랐다.

"네 외할아버지는 군청에 다니셨는데 딸들의 머리를 항상 외할아버지가 잘라 주셨단다. 밤에 변소 갈 때도 언제나 외할아버지가 호롱불을 들고 앞에 서 계셨지. 하루는 내가 우물가에서 그만 물동이를 깨뜨렸거든. 네 외할머니께 혼이 날까봐 지레 겁을 먹어 집엘 안 들어가고, 외할아버지가 퇴근해 오실 때까지 길목에서 기다리고 있었단다. 그날 저녁에, 왜 애를 내쫓았느냐고 네 외할머니만 야단을 맞으셨지."

뜨개질 하던 손길을 멈추고 엄마는 나를 바라보며 웃고 나도 엄마를 따라 웃는다.

"작은 외삼촌은 원래부터 그렇게 인정이 많았어. 그때 그 외삼촌이 서울에서 대학을 다니고 있었는데, 겨울 방학을 맞아 집에 돌아오면 여동생들에게 썰매를 만들어 일일이 끌어주곤 했단다. 이모하고 난 썰매에 앉아 '오빠, 이쪽으로, 저쪽으로' 하고 명령을 하면 그걸 다 들어줬으니까."

나는 엄마의 이야기를 들으며 작은 외삼촌과 엄마는 아마 외할아버지의 성품을 닮았으리란 생각을 한다. 세 명의 아들은 외지로 나가고 세 명의 딸들만 남아 있는 시골집에서 겨울이면 항아리 가득 꽁꽁 얼어있는 감주를 떠오지 않으려고 큰이모와 다투었다는 이야기와, 외할머니의 젖가슴을 서로 만지려고 장난을 하다가 야단을 맞았다는 얘기까지 이어졌지만 엄마는 자세를 고쳐 앉을 뿐, 아직 이야기는 끝이 없다.

"여름밤이면 동네사람들이 유성기 소리를 들으려고 우리 집 마당 가득 몰려오곤 했지."

엄마는 마치 꿈을 꾸는 듯한 표정으로 다시 이야기가 이어지고 난 엄마의 꿈속으로 들어가 그날의 유성기 소리를 함께 듣는다.

끝없이 이어지는 어머니의 이야기는 한 집안의 역사이며 한 시대의 대하드라마이다. 6·25 피난길에 있었던 온갖 에피소드들은 또 얼마나 신기한지. 마을을 둘러싼 인민군들이 지서를 향해서 총을 쏘아대는데 빨간 불빛이 마치 저녁 하늘에서 눈이 날리듯 하더라는 엄마의 표현은 나를 또 다른 상상의 세계로 빠져들게 한다. 총알이 옆으로 핑핑 지나가는데 엄마 앞에 걸어가던 사람이 픽 쓰러지더라는 얘기와, 엄마는 빨갱이가 빨갛게 생긴 사람인 줄 알았다는 대목까지 여름과 겨울피난 동안 겪은 온갖 에피소드가 끝나고 나면, 마치 나도 외갓집 식구들 속에 섞여 담장을 타넘어 피난을 가고, 함께 전쟁을 치르고 난 듯 노곤한 느낌이 들곤 했다.

6·25이야기가 끝날 때쯤이면 밤이 이슥해졌건만 엄마는 아직도 이야기를 맺지 않고, 한 집안의 역사가 바뀌기 시작하는 제 2막으로 접어든다. 위장병이 있던 외할아버지가 침(鍼)을 잘못 맞은 것이 원인이 되어 돌아가시고 난 뒤의 이야기다.

"둘째 외숙모가 휘발유로 빨래를 하고 있는데, 외삼촌이 담배꽁초를 버린 것이 그만 부엌 바닥에 떨어진 기름방울에 붙었단다. 처음에 피식피식 소리가 나기에 설마하면서 지나쳤다는구나. 밖에서 뭔 소리가 후닥닥거리고 나니까, 네 외할머니가 부엌으로 난 방문을 열었겠지. 불길이 확하고 외할머니를 덮치고 말았어."

스물다섯 살의 젊은 나이에 소학교 교장직을 발령 받고 이삿짐을 꾸려 임지로 떠나려던 둘째 외삼촌 내외와 외할머니가 화마(火魔)에

목숨을 잃게 된 그때의 이야기를 할 때도 엄마는 마치 어제의 일을 이야기하듯 한다. 그럴 때면, 전신에 흰 붕대를 감고 병실에 누워있는 둘째 외숙모의 모습과, 화끈거리는 몸속 화기(火氣)를 견디지 못해 운동장을 뛰었다는 외삼촌의 모습이 떠오르기도 하고, 이야기 장면 장면마다 그려지는 상상의 세계에 빠져들어 내가 엄마의 어린 시대로 들어가 불타는 외갓집을 바라보고 있는 듯 아득해진다.

그 뒤 차츰 가세가 기울어 가는 집안의 둘째 딸에게도 삶의 변화가 왔다.

"네 큰외숙모가 수업료를 안 줘서 학교에서 집으로 쫓겨 왔는데, 차마 돈 달라는 말을 못하겠더라."

"하루는 멀리서 찾아온 친구를 만나러 가야 되는데, 글쎄 큰올케 눈치가 보여서 못 가고 말았어. 그날 저녁, 해가 넘어가는데 왜 그렇게 서럽던지."

수업료를 내지 못해 쫓겨온 슬픈 기억이 있다 해도 학창시절을 이야기할 때면 엄마 얼굴에는 또 얼마나 많은 웃음꽃이 피는지.

아버지와 결혼 후 엄마가 당한 '동서 시집살이'까지 이야기가 쭉 이어진 뒤, 모녀는 불을 끄고 잠자리에 누웠다. 그러나 나는 눈을 감고, 아지랑이 아물거리는 봄날, 까마득히 뻗은 철길 위에서 놀고 있는 어린 외삼촌들의 모습과 본 적이 없는 외할아버지와 외할머니의 얼굴을 그려 보다가 잠이 들곤 했다.

어머니의 이야기 속에서 되살아나곤 했던 외가의 역사. 그러나 이제 그 역사 속의 한 세대가 떠나고 있음을 본다.

어머니 옆에 누워 옛이야기를 듣던 어린 딸의 나이 어느새 지명에 이르렀고, 어머니의 연세 또한 일흔 중반이 되셨으니 흐르는 세월을 어찌하랴. 세월의 물결은 혼자만 흘러가는 것이 아니라 자꾸 사람들을 데리고 어디론가 가 버리는 것을….

무상한 세월 앞에 동기간을 잃고 슬픔에 젖어 계신 어머니. 난 무어라 어머니를 위로할 수 있을까.

"엄마, 엄마까지 기운 잃지 마세요."라고 말한 뒤 수화기를 내려놓고 전화기 옆에 서 있다.

(2006. 1.)

작은 행복

과천에 살던 막내동생이 용인으로 이사를 했다. 결혼할 생각을 하지 않아 무던히도 가족들의 속을 태우더니, 어느새 여섯 살과 다섯 살의 연년생 아들을 둔 마흔 넘은 가장이 되었다.

사 남매 중 막내인 동생과 맏이인 나는 성격과 체질이 가장 많이 닮았다. 형제가 모두 이재(理財)에 어둡고 현실감각에 밝기보단 책 속의 지식과 이론만을 꿰찬, 생활에 부적절한 유형들이라는 것은 같지만, 막내와 난 특히 육체적으로 약한 부위들이 똑같다.

초등학교 시절, 반에서 하는 인기투표에서 일등을 하기도 하던 동생은 늘 주변 사람들의 귀염을 받고 자랐다. 성격이 깔끔하여 골목을 쏘다니며 놀기보다 형제들 속에서 책보기를 즐겼다. 중학교에 입학한 뒤 어느 날 내게 "누나, 황순원의 소나기 알아? 소년은 자기가 씹고 있는 대추의 단맛을 몰랐다. 이 얼마나 기가 막힌 표현이야."라고 혼자 거듭 감탄을 하며 물어왔었다.

하루는 집에 온 내 친구가 동생 보는 앞에서 화장실을 갔는데, 어떻게 그리 예쁜 누나가 자기가 보는 앞에서 화장실을 갈 수 있느냐며 그 누나에게 실망했다고 하여 오랫동안 웃게 만들기도 했다.

그 막내동생이 자라서 학업을 마치고 직장생활을 하면서 서른이 훨씬 넘도록 결혼을 하지 않자 부모님의 걱정이 이만저만 아니었다.

눈, 코, 입이 예쁘게 생기지 않았어도 그 여자를 떠올릴 때면 왠지 예쁜 것처럼 느껴지는 여자. 대화가 잘 통하는 여자. 교양 있는 여자. 센스 있는 여자…. "밥을 많이 먹어도 배 안 나오는 여자는 안 들어가냐? 세상에 그런 여자가 나 말고 또 어디 있냐."라고 농담을 했지만, 인연이 되려면 '하루아침'이라 하지 않던가.

어느 날, 눈, 코, 입까지 예쁜 여자가 나타나 동생은 결혼을 하였고, 아내와 아들을 데리고 또 다른 분야의 공부를 하기 위해 유학길에 올랐었다.

그 동생이 결혼 후에도 총각시절에 아버지가 사 주셨던 20평대의 아파트에 살다가 지난 달 용인에 있는 40평대의 큰 아파트로 이사를 한 것이다. 물론 올케의 과감한 선택이었다. 그리고 돌아오는 일요일에 집들이 겸 아버지의 74회 생신 잔치를 동생 집에서 하겠다고 연락이 왔다.

지방에서 올라오신 부모님과 사 남매가 모두 한자리에 모였다. 늦게 도착한 나와 여동생은 새 집의 구석구석을 살펴보며 센스 있는 올케의 인테리어 감각을 칭찬하고, 오랜만에 만난 아이들은 아이들끼리 소란하다.

"막내가 집이 작아 늘 마음에 걸렸는데, 이제 사남매가 모두 너른 아파트에서 사는구만."

큰소리로 몇 번이나 그 말씀만을 반복하시며 아버지는 마냥 흐뭇해하신다. 당신의 인생이 성공이라도 하신 듯 뿌듯함마저 느끼시는 듯하다.

잃어가는 눈물

"요즘 아이들은 눈물을 흘리지 않아요. 냉혹한 현실이 눈물을 빼앗아 갔기 때문이죠."

10대들의 탈선과 아픔을 다룬 「눈물」이란 제목의 영화를 찍은 젊은 감독이 어느 인터뷰에서 한 말이었다.

사랑하는 사람과의 이별 장면에서 여인의 얼굴이 클로즈업된다. 여인의 두 눈에서 투명한 눈물이 조르르 흘러내린다. 눈물을 '여인의 보석'이라던가 '다이아몬드의 물'이라고 하던 시절의 이야기다. 그러나 지금은 어설픈 감상에 젖어 눈물을 질금거리는 여자보다 적극적이고 이성적인 여성이 아름다운 시대라고 한다.

몇 년 전, 수필 공부를 할 때였다. "자신이 하나의 섬인 채 또 다른 섬들에게 나가서려 서성이는 인간의 고독"에 대하여 쓴 B선생의 글이 그 날의 교재였다. 그 글을 낭독하던 K의 목소리가 젖어갔다. 글의 내용이 자신의 심정과 같아서 몹시 공감이 간다며, 현대인의 고독과 단절된 인간 사이에서 오는 외로움을 이야기하다가 말끝을 흐렸다. 그날 나는 K의 눈물을 보며 갑자기 그녀에게 친근감을 느꼈다.

초등학교 2학년 때였다. 해가 넘어가는 시골의 여름 저녁. 인가에서 조금 떨어진 신작로 가에 앉아 돌멩이를 모아 놓고 공기놀이를 하던 아이들은 또 다른 장난이 하고 싶었다. 누군가 "우리 한 번 거짓으로 울어보자" 제안을 했고, 서넛의 또래들은 "잉, 잉, 잉" 우는 흉내를 내었다.

거짓울음을 울다가 고개를 들어 하늘 올려다보았다. 저녁놀이 사라지고 어둑해 가는 하늘에서 짙은 잿빛 구름이 미루나무 꼭대기 위로 조용히 내려오고 있었다. 오롯이 어둠에 잠겨 가는 허공을 바라보고 있자니 가슴속에서 까닭 없이 슬픔이 복받쳐 올랐다. 난 그만 정말로 울음보가 터지고 말았다. "엉, 엉, 엉" 소리를 내며 서럽게 울어대자 슬픈 느낌은 사라지고 야릇한 희열이 느껴졌다. 일찍이 체험한 눈물의 카타르시스였다.

여자는 조그만 충동에도 언제든지 눈물이 흐르게끔 준비되어 있다고 했던가. 결혼식장에서 웨딩마치를 들으면 갑자기 눈시울이 후끈해 지는 것은 고질병으로 치더라도, 아무도 없는 한낮 혼자 식탁에 앉아 밥을 먹다가 "세상에 그 무엇이라도 그대 위해 되고 싶어 사랑하는 나의 사람아 너는 아니 이런 나의 마음을…" 라디오에서 흘러나오는 허스키한 남자 가수의 노랫소리를 들을 때도 콧마루가 찡해온다. 내 아이의 부족한 부분을 지적하며 심하게 야단을 쳐놓고는 돌아앉아서 눈물을 흘린다. 어느 날 장애아들의 실상을 보여주는 TV 화면을 보면서 어찌나 수건을 적셨는지. 장애아 돕기 후원회의 전화번호를 누른 뒤에도 오랫동안 가슴이 저렸다.

눈물의 차원으로 그 사람의 성숙도를 측정할 수 있다느니, 다 성장한 사람이 유치하게 눈물을 흘린다면 정서를 의심할 여지가 있다느니, 하는 말들로 인해 난 주눅이 들곤 했다.

사람은 성장해 갈수록 눈물이 말라간다고 한다. 고장 난 수도꼭지 같던 나도 차츰 눈물이 줄어가고 있다. 슬픈 영화를 보면서도 시나리오에 의해 꾸며진 이야기일 뿐이라고 냉정한 분석을 하면 눈물이 나지 않는다. 타인에 대한 배려와 사랑보다 나의 입장과 이익을 먼저 생각하니 안타까운 마음으로 남을 위해 흘리는 눈물이 사라져 갔다. 순수가 사라진 마음에서는 눈물이 생성되지 않았다.

눈의 질환 중에 '안구 건조증'이란 것이 있다. 적당한 눈물이 늘 안구를 촉촉하게 해 주어야만 두 눈이 편안하다. 그런데 누액 분비가 감소되면 눈이 뻑뻑해지고 불편을 느끼게 된다. 때론 각막에 흠집이 생기기도 하고 염증으로 진전되기도 한다.

외로움을 숨기고 냉정하게 현대를 살아가는 사람들. 작은 충격에는 감동하지 않는다. 그것은 '감정 건조증'이다. 지난 해 봄, E선생은 합창단의 노랫소리를 들으며 울고 계셨다. 희수(喜壽)가 되신 선생님은 '연령에서 오는 눈물이다', 라고 스스로 진단을 하셨다. 나이가 많아지면 다시 어린아이가 된다는 이야기가 있다. 눈물이 순수한 정서의 산물이라 할 때 E선생은 나이 따라 그만큼 순수해지셨는지 모른다.

만해(萬海)는 "나는 눈물의 수정(水晶)이 아니면 이 세상에 보물이라고는 하나도 없습니다."라고 했다. 나도 아름다운 보석 하나 잃지 말아야겠다.

(한국문인 2001. 4·5월)

6년의 고리

모임 장소는 우리가 다니던 초등학교에서 조금 떨어진 큰 개울가였다. 고향을 지키고 있는 친구들이 물가에 미리 천막을 쳐놓고 플래카드를 거는 등 정성을 들여 준비를 해놓았다.

늦은 밤, 눈을 감으면 곰실곰실 그리움으로 떠오르는 흑백사진 속의 얼굴들, 30년 만에 그 친구들을 만났다.

길거리에서 마주치면 서로가 모르고 지나칠 만큼 변한 모습들이었다. 그러나 손을 붙들고 가까이 보니 저마다 어릴 적의 생김새가 현재의 얼굴 속에 그대로 남아있다. 얌전하던 남학생 K의 머리는 나이를 앞질러 반백이 되어있다. 그에게 내 짝이던 B의 소식을 물었다. B는 몇 해 전 상처(喪妻)를 했다 한다. 그 뒤 직장을 그만 두고 목사가 되기 위해 신학대학을 다니고 있다고 했다.

H는 잊혀지지 않던 급우다. 그는 늘 반에서 가장 허름한 옷차림이었다. 10여 리 길을 걸어서 학교를 다니느라 곧잘 공부를 시작한 다음에야 드르륵 문을 열고 들어섰다. 헐렁한 홑바지에 책보자기를

등에 메고 열없이 멈칫거리는 H를 보며 반 아이들은 교실이 떠나갈 듯 웃어대곤 했다. 양손에 장애가 있는 그는 여태껏 결혼을 안 하고 고향에서 혼자 지내고 있었다. 오늘도 늦게야 나타나 내 이름을 부르며 다가온 H, 난 웃으며 그의 손을 잡았다. 그와 같은 동네에서 다니던 C는 몸집이 크고 힘이 세어 씨움을 제법 했다. 그러나 그는 오래 전에 세상을 떴다고 한다. 모두가 경제적으로 어려운 시대였지만 그 중에서도 더욱 가난하게 태어나 짧은 생애를 살고 간 C. 그는 돌 틈 사이에 피어난 풀꽃 같은 운명이 아니었을까. 보이지 않는 어느 힘에 의하여 자신의 의지와 상관없이 태어나고 또 떠나는 그런 인생이었다.

세월의 길이를 뭉텅 잘라내고 티 없던 시절로 돌아가 모두들 다시 개구쟁이가 되었다. 반달만한 수박을 서로 집어 주기도 하고, 물가에 밀어 빠뜨리기도 하며 즐거워한다. 어떤 위엄이나 가식이 필요 없는 이 만남은 가장 순수한 시절을 함께 했기 때문이리라.

식당에서 날라 온 점심을 먹은 뒤, 난 A에게 우리가 다니던 초등학교를 둘러보고 오자고 했다. 아늑한 학교는 방학 중이라 조용했다. 운동장엔 아름드리 벚나무가 다 베어지고 잎 넓은 플라타너스가 자라고 있었다. 일제 때 심었다는 벚나무는 봄이 되면 장관이었다. 비가 내린 아침이면 흰 꽃잎이 운동장을 가득 덮었다. 떨어진 꽃잎을 나무가시로 꼭꼭 찍어 꿸 때면 난 알 수 없이 가슴이 짠해지곤 했다. 학교 건물 뒤로 야트막한 산이 둘러섰고 어디서나 산허리를 지나는 기찻길이 보인다. 하루 두어 번 지나가는 중앙선 열차를 만나면 아이들은 까치발을 하고 기차 꼬리가 굴속으로 사라질 때까지 손을 흔들었다.

학교는 여기저기 달라져 있다. 양철지붕의 도르래가 달린 우물대신 반듯한 수도가 생겼고 그 옆의 옥수수가루 빵을 찌던 급식실은 헐리어 흔적도 없다. 미처 생각지 못했던 것은 화장실이었다. 난 아직도 꿈속에서 이곳 초등학교의 재래식 화장실 때문에 안절부절 못하다가 잠이 깨일 때가 있다. 이곳도 이젠 변했으리라는 생각을 한 번도 못 했던 것은 왜일까. 복도 안에 교실과 맞붙어 수세식으로 깨끗하게 꾸며진 화장실을 둘러본다.

운동장 가에 서 있는 노란색 스쿨버스 역시 격세(隔世)를 느끼게 한다.

농촌 인구의 도시 이동으로 인해 이곳 또한 30년 전보다 학생 수가 적다고 한다. 폐교된 시골 학교가 많아진 것은 오래 전의 일이다. 한낮의 텅 빈 운동장을 걸어 나오는데 '달달 무슨 달 쟁반같이 둥근 달'을 따라서 읽는 친구들의 목소리가 환청으로 들려온다.

가난으로 인하여 여자아이들은 한 반에 서넛을 빼고는 상급학교에 진학할 수 없었던 시절, 그들이라고 욕망과 좌절이 없었겠는가. 책 판매원을 한다고 명함을 보여주는 정자. 슈퍼를 하여 이젠 자리가 잡혔다고 당당하게 말하는 귀순이. 야채상을 하는 순희. 그들은 모두 한 반이었던 남자 동창생과 결혼을 했다. 삶의 행복은 성적순도 학력순도 아니다.

그들의 모습을 보며 나 자신을 들여다본다. 우물 안 같은 내 테두리 안에서 난 우월감과 열등감 사이를 오가며 스스로에게 지쳐있을 뿐이다. 내가 일상 속에서 붙들고 갈등하는 것들이 얼마나 부질없는 욕심들인가.

초등학교를 졸업하고 이곳에서 농사를 지으며 살고 있는 R. 그는 개울 앞산에 서 있는 저 나무와 같다는 생각이 든다. 바위틈에 뿌리 내려도 옮겨가지 못하는 나무. 그러나 불평도 불만도 없이 운명처럼 평생을 다하는 나무. 그를 보며 늘 생활의 변화와 탈출을 꿈꾸는 나의 어쭙잖은 감정들이 사치인 것 같아 부끄러워진다.

햇살에 물비늘 반짝이며 흘러가는 개울물을 바라본다. 6년 동안의 만남이 60년의 고리가 되는 소중한 인연들. 오늘 여기 모인 우리의 삶도 저 투명한 물빛처럼 평화롭고 순하게 흘러갔으면 좋겠다.

(한국문인 2001. 10·11월)

고모의 전화

전화번호가 적힌 노트를 뒤적이다 '상계동 고모'라고 적혀있는 번호에 눈길이 머문다. 전화번호부 속에서만 살아있는 번호. 이젠 전화가 올 일도, 내가 전화를 할 일도 없는 숫자이다. 한참을 들여다 보다 번호를 지우지 않은 채 그냥 노트를 덮었다.

고모는 내게 늘 먼저 전화를 하셨다. 특별한 용건은 없었다. "너는 착해서 잘 살 거야"라든가 "어쩜 그리 살림을 잘하니?" 매사 엉터리인 내게 고모는 그렇게 칭찬만을 하셨다. 그리고 때론 "속옷은 예쁜 걸로 사 입어라." "신랑한테 잘해라."는 말씀도 하셨다. 그렇게 고모와의 통화가 끝나고 나면, 어리석은 나는 내가 정말 살림을 잘하고 있는 듯한 착각이 들었고 잘해야 되겠다고 잠시 다짐을 하기도 했다.

두 남매 뿐으로, 아버지보다 10년이나 손위인 고모가 유독 내게 정을 쏟은 것은, 출가한 여자가 지니는 친정에 대한 애틋함과 조카들 중 맏이인 내가 첫정이었기 때문일 것이다.

서울에 사는 고모는 가끔 친정에 내려왔다. 고모가 내려오면 집안이 환해지는 느낌이 들었다. 큰 체격과 흰 피부를 지닌 고모의 외모 때문이기도 하고 크게 웃는 고모의 웃음소리 때문인 듯도 했다. 고모가 오면 난 밖에 나가 놀지 않았고 괜히 고모가 있는 방이나 부엌을 드나들었다.

"올케는 음식을 참 맛있게 잘 만들어."

"뭘요, 형님."

오순도둔 나누는 고모와 엄마의 대화가 듣기 좋았다.

초등학교에 다니던 어느 날, 집에 가니 고모가 와 계셨다. 고모는 할머니께 "장 서방은 역마살이 낀 인간이라 한 곳에 가만히 못 있는 사람"이라고 고모부 얘기를 하고 있었다. 역마살! 그때 문밖에서 엿들은 역마살이란 단어가 왠지 내 가슴을 두근거리게 했다. 그 뒤, 가끔 역마살이란 단어가 생각날 때면 작은 기차역에서 어디론가 떠나가는 고모부의 모습이 희미하게 떠오르곤 했다. 마치 꿈속의 한 장면처럼. 뽀얗게 안개가 낀 듯도 하고, 때론 저녁놀이 붉게 물든 하늘이 배경이 되기도 하면서, 기차역의 개찰구를 빠져나가는 고모부의 뒷모습. 이상하게도 내가 상상하는 장면은 늘 그 한 부분이었다.

내가 중학교에 다니던 때, 사업에 실패한 고모부는 지방에서 어느 여자와 살림을 차렸다는 이야기가 들렸다. 그 후, 오랜 세월이 흐른 뒤 늙고 병든 몸이 되어 고모에게로 돌아왔다. 고모의 노후는 역마살과 함께 젊음도 사라진 고모부의 병수발에만 묶였다.

하나 뿐인 아들을 지병으로 먼저 보내고도 의젓하던 고모가 수발을 들던 고모부가 떠나시고 혼자 남게 되자 일시에 건강이 무너졌다. 전화선을 타고 들리는 고모의 발음은 어눌해졌고 '어디가 아프다', '병원에 갔다 왔다'는 등, 전화의 내용도 바뀌기 시작했다. 그러나 난 전화를 받고 나서도 고모에 대한 생각보다 늘 내 일에 바빴다.

나는 왜, 팔십 연세의 고모가 머잖아 내 곁을 떠날 수도 있다는 생각을 못했을까. 고모부 떠나시고 일 년 후인 지나간 겨울, 80을 한 생애로 고모는 이승을 떠나셨다.

어린 나를 가리키며 "저 아이는 결이 고와"라고 하던 고모. 처녀 시절, 서울에 올라와 병원을 다니게 되었을 때 내 보호자가 되어 함께 따라 다녔던 고모. 내가 결혼을 하게 되었을 때는 내 신랑감을 보고 "잘 부탁 하네"라고 말씀하던 고모. 내가 두 아이를 둔 어미가 된 뒤에도, 집안 일로 뵙게 될 때면 언제나 밥상 위의 맛난 음식을 내 앞으로 옮겨 놔 주던 고모.

그러나 어리석은 나는 고모가 돌아가신 뒤에야 영정을 바라보고 '미안해 고모. 해드린 것이 없어 정말 미안해.'라고 속말을 했다. 안타까움과 때늦은 후회로 가슴이 메어졌다.

빈집에 혼자 있던 어느 날, 전화기 앞을 서성거리다 문득 고모의 전화가 생각났다. 별 용건 없이 "추운데 건강 조심해라. 아이들은 잘 있니?" 그리곤 "바쁠 텐데 그만 끊으마."라던 말들은 '애야, 내가 무료하고 외롭구나.' '쓸쓸하구나.' '사람이 그립구나.'라는 호소가 아니었을까. 그때의 고모 마음이 전화기 앞에서 서성대는 지금의 내 마음과 같았으리란 생각을 하자 뜨끔뜨끔 가슴에 통증이 왔다. 고모의 전화가 나를 위로하기 위한 것이 아니라 당신 자신이 위로 받고 싶은 것이었다는 생각에 이르자 뜨끔거리는 가슴을 싸안고 난 엉엉 소리 내어 울고 말았다. 아, 고모가 단 며칠만이라도 다시 돌아올 수만 있다면…….

전화번호부를 서랍에 넣고 창가로 가 앞산을 바라본다. 겨울 산이 황량하다. 산과 연결된 아파트의 담벼락. 그곳엔 지난 계절을 푸르름으로 채웠던 잔디가 생명을 잃고 마른 검불로 스러져 있다. 브람스의 「독일진혼곡」 중 제2악장이 「모든 육체는 풀과 같고」라 했던가.

까치집을 이고 있는 까만 아카시아 나뭇가지가 바람에 일렁인다. 그 뒤로 겨울 해가 산 능선 너머로 떨어지고 있다.

머잖아 땅속에서 다시 새싹이 돋고 빈 나뭇가지에 푸른 잎이 튼다 해도 결코 지난해의 그 잎은 아니다. 한번 가면 다시 되돌아 올 수 없는 것을…….

오지 못할 고모의 전화가 오늘은 더욱 그리워진다.

(수필문학 2004. 7, 수비동인지 2006. 제4집)

고향, 나의 만화경

아이의 만화경을 들여다보다가 문득, 고향이란 아름다운 추억들이 들어있는 나만의 만화경이 아닐까, 라는 생각을 한다. 만화경 속의 내용물은 색종이와 셀룰로이드 조각일 뿐이지만, 원통 속의 거울에 비추어진 그것들은 보석처럼 현란하게 반짝거린다. 나만 들여다볼 수 있는 만화경 같은 고향. 그 속엔 그리운 얼굴들과 아름다운 사계(四季)가 보석이 되어 언제나 반짝거리고 있다.

지난여름 친정에 갔다가 어머니와 함께 시장을 보고 있었다. 그때 맞은편에서 오고 있던 한 남자가 어머니께 인사를 했다.

"우리 집 뒤에 살던 영재오빠 모르겠냐?" 무표정으로 서 있는 나를 보며 어머니가 말씀하셨다.

"영재오빠세요!"

초로의 왜소한 남자, 그에게서 난 30년이 훨씬 넘은 세월을 거슬러 영재오빠의 모습을 떠올릴 수가 없었다. 내게 고향의 모든 것들은 사진 속에 멈춰있는 순간들처럼 그곳을 떠났던 날로부터 지금껏 정지되어 있었다.

우리 집에서 두어 채 떨어진 곳에, 스무 살도 안 되었을 영재오빠가 혼자서 살고 있었다. 그는 농사일을 다닐 때 외에는 전혀 문밖을 나오지 않았다. 동네 어른들이 묻는 말에만 대답을 할 뿐, 난 그가 남들과 어울려 이야기하는 모습을 한 번도 본 적이 없다. 이웃에서 소실(小室)로 살고 있는 그의 어머니와 성(姓)씨 다른 형제들이 가끔 그의 집을 드나들 뿐이었다. 지게를 지고 우리 집 앞을 지나다닐 때도 초등학생인 나와 눈이 마주치면 슬며시 고개를 숙여 땅을 보았다. 그럴 때면 나 또한 서먹하고 어색하여 그의 눈길을 피하곤 했다. 나는 왜 영재오빠가 풀이 죽은 모양을 하고 혼자 살고 있는지, 그의 어머니는 왜 그와 아버지가 다른 동생들만을 데리고 큰길 건너에서 따로 살고 있는지 알 수 없었다.

우리는 사계절 영재오빠네 바깥마당에서 왁자지껄 모여 놀았다. 그러나 낮은 담장과 작은 대문으로 가려져 있는 안채는 밖의 소란과 상관없이 언제나 고요했다. 깡통차기놀이나 술래잡기놀이를 할 때면 나는 영재오빠의 집 뒤란으로 들어가 몰래 숨어 있곤 했다. 인기척을 냈을 때에도 그는 밖으로 고개를 내밀지 않았고, 그럴 때면 영재오빠가 좁고 어두운 방안에서 혼자 무엇을 하고 있을까, 궁금하여 방문 앞에서 살며시 귀를 세워보기도 했다. 방안에선 늘 아무런 기척도 들리지 않았다.

지금도 바람이 잠든 가을 날 붉게 물든 감잎을 보면 영재오빠네 집 뒤란이 떠오르곤 한다. 그의 집 뒤란엔 커다란 감나무가 세 그루 있었다. 난 뒷골목을 지날 다닐 때면 고개를 젖혀 감나무를 올려다

보며 걷곤 했다. 주먹 만한 붉은 감이 주렁주렁 달린 까만 나뭇가지 사이로 보이던 회색빛 하늘. 어느 날, 그 회색빛 하늘 위로 곧게 올라가던 저녁연기와 골목길을 돌아설 때쯤 뉘 집에선가 볏짚을 태우던 구수한 냄새. 그 순간 알 수 없이 마음이 평온해지던 느낌을 아직도 잊지 못한다.

고향을 떠올릴 때면 아직도 생생한 순간의 느낌과 풍경들이 어디 그 뿐이겠는가. 은가루가 쏟아져 내리는 듯한 봄날의 아침햇살을 뚫고 멀리서 가까이서 들려오던 뻐꾸기 소리. 춘화네 두엄더미 위에서 환하게 웃던 여름 아침의 호박꽃. 졸리는 눈을 비비며 춘화네 집을 지나 도랑에 이르면 세수를 하기 전 먼저 잠을 깨우던 서늘한 물의 기운. 가을걷이를 끝낸 성철이네 빈 논은 우리들의 또 다른 놀이터였고, 주위가 어둑해지도록 놀다보면 눅눅하게 가라앉던 저녁공기. 겨울이면 밤마을을 다니던 영자네 사랑방, 그곳에서 깎아먹던 생고구마의 단맛. 헤어져 돌아올 때면 발걸음이 빨라지던 우물가. 눈 내린 밤의 푸르던 달빛….

그 모든 것들과 더불어 언제나 사람이 있었다.

"덕수궁 돌담장 길을 우산 없이 혼자서 거니는 사람 무슨 사연 있길래 혼자 거닐까…."

대문이 두 개나 있던 동희언니의 큰 집엔 여자들만 3대가 살고 있었다. 그녀의 아버지는 아랫동네서 작은댁을 두고 따로 살았다. 초등학교 졸업 후 별달리 할 일이 없던 동희언니는 가끔 그 집 마당에서 아이들과 놀고 있는 나를 안채로 데리고 들어갔다. 그럴 때면 먹을 것을 주기도 하고 머리를 만져 주기도 하면서 그녀는 '덕수궁 돌담

길'이라는 노래를 불렀다. 그리곤 내게 따라해 보라며 즐거워했다.

난 오랫동안, 한 번도 본 적이 없는 덕수궁 돌담을, 그 길을 따라 거니는 어떤 사람을 상상하곤 했다. 지금도 비 오는 날이면 "우산 없이 혼자서 거니는 사람…"을 중얼거리곤 한다.

물동이를 이고 우리 집 앞을 지나다니던 영자의 고모. 웃는 모습이 활짝 핀 접시꽃 같던 그녀는 꽃 피던 봄날 서울로 시집을 간 뒤 다시는 모습을 볼 수가 없었다. 아기를 못 낳는다고 시어머니의 온갖 구박을 받더니 어느 날부터 보이지 않던 산 밑의 새댁. 두 모녀만 살던 쑤이언니. 우리는 담 밖에서 "쑤이야"라고 그녀의 이름을 크게 불러 놓고 도망을 치곤 했지만 그녀의 이름은 정말 '쑤이'였을까. 아님 '순이'를 그렇게 부른 건 아니었을까.

이젠 길거리에서 마주친다 해도 알아 볼 수 없는, 내 안에서 화석화 되어가고 있는 얼굴들이지만, 고향, 그곳의 자연과 자연을 닮은 사람들은 나의 몸과 맘을 키우는 넉넉한 자양분이었다.

내가 중학생이 되던 해 영재오빠는 결혼을 하였고, 이듬해 우리 집은 고향을 떠나 이사를 하였다.

난 이제, 그때 왜 영재오빠가 혼자 살고 있었는지, 늘 고개를 숙이고 걸었는지, 아무하고도 어울리지 않았는지, 남들에게 먼저 말을 걸지 않았는지 알 수 있을 것 같다. 노년으로 들어선 그의 인상이 온화했다. 결혼 후 삶에 틀이 잡히고 안정된 생활을 보낸 듯한 모습이다.

그러나 영재오빠에게 인사를 하고 돌아서며 반짝이는 보석 하나를 잃어버린 듯 서운함 또한 몰래 숨겼다. 내게 각인된 고향의 기억에서, 늘 애잔한 모습으로 떠오르던 영재오빠의 모습은 사라지고 흰 머리의 낯선 그가 다시 저장되었기 때문이다.

영재오빠의 모습을 알아 볼 수 없게 만들었듯이 이젠 고향의 모든 것들이 변하고 사라졌다 해도, 아직도 난 수돗물을 받다가 고향마을의 추자나무 서 있는 옹달샘을 떠올리기도 하고 시장골목 화원 앞을 지나다 산나리꽃이 심어져 있는 화분을 보면 발걸음이 멈춰진다. '충북 단양군 대강면 당동리' 그곳의 모든 것들은 나만 들여다 볼 수 있는 만화경 속에서 반짝거리는 보석의 재료가 되어 언제나 아름답게 빛나고 있다.

(한국수필 2006. 7·8월)

내 친구, 춘화

춘화는 내 어릴 적 고향 친구이다. 한문으로 쓰면 봄 춘(春) 자, 꽃 화(花) 자인데 아마도 그 이름은 '진정한 로맨티스트'인 그녀의 아버지가 지었을 것이다.

멀리 포항에서 슈퍼를 하고 있는 춘화가 몇 년 만에 전화를 했다. 여름에 있을 예정인 초등학교 동창모임 때 고향에서 한 번 만나자는 얘기였다. 바쁜 일상에 틈을 내어 전화를 걸어온 옛 친구. 우리는 아직도 보이지 않는 끈으로 연결되어 있었다.

마당 옆쪽으로 대문이 나 있는 우리 집과 대문이 없는 춘화네 집은 작은 골목길을 사이에 두고 엇비슷이 마주보고 있었다. 난 눈만 뜨면 대문이 없는 춘화네 집을 내 집 드나들 듯 했다. 동갑내기 춘화는 나보다 체격이 크고 의젓했다. 달리기는 물론 모든 운동종목을 잘했고 어린나이에도 집안일 또한 잘 했다. 나는 춘화가 일하는 옆에서 따라 다니는 것이 재미있었다. 밭에 나간 그의 부모님이 늦으시면 초등학생인 춘화가 저녁밥을 짓곤 했다. 난 춘화네 부엌에서 자작자작 불타는 아궁이의 나무를 들쑤셔 보기도 하고, 찬장 문을 열고 몇 가지 되지 않는 반찬 그릇들을 들여다보기도 했다. 때론 춘화네 집에서 저녁을 먹고 오기도 하고 내 밥그릇을 들고 춘화네 집으로 가서 그 집 식구들과 둘러앉아 밥을 먹을 때도 있었다. 대문이 없어 드나들기 편했던 것 외에도 내가 수시로 드나들 수 있었던 것은 춘화네 집의 분위기 때문이었을 것이다.

춘화네는 딸이 넷이나 되었다. 사람들은 가장이 너무 순하면 딸만 낳는다면서 춘화네를 보라고 했다. 춘화 아버지는 작고 마른 체구지만 늘 자애로운 표정으로 딸들에게 큰소리 한 번 내는 일이 없었다. 춘화 아버지는 춘화에게 자기네 성(姓)은 '밀양 박씨'라고 했다가 또 웃으면서 '청와대 박씨'라고 할 때도 있었다. 난 춘화네가 밀양 박씨든 청와대 박씨든 상관없이 늘 자녀들과 우스갯소리를 잘하는 춘화의 엄마, 아버지 모습이 보기 좋았다.

봄이면 땔감을 해오는 춘화 아버지의 지게 위엔 활짝 핀 진달래가 꽂혀 있곤 했다. 마른 나뭇단 위에서 환하게 웃는 연분홍 진달래꽃. 춘화 아버지는 마치 어여쁜 봄처녀를 보쌈이라도 해오듯 상기된 표정으로 우물가를 지나 골목으로 들어섰다. 마당 한 구석에 지게를 괴고 목에 건 수건으로 이마의 땀을 훔친 뒤 지게 위의 꽃을 춘화에게 건네줬다. 춘화는 얼른 빈 소주병에 물을 채우고 진달래꽃을 꽂았다. 춘화네 마루 한 귀퉁이엔 봄이 다 가도록 파란 소주병에 늘 꽃이 꽂혀 있었다.

여름이면 춘화 아버지의 지게에는 진달래 대신 송기(松肌)가 들어 있었다. 춘화 아버지가 해 오는 송기는 가지가 곱고 매끈했다. 그 송기를 부러워하는 내게 주려고 우리 집은 할머니가 산엘 가서 송기를 꺾어왔다. 그러나 난 춘화 아버지가 꺾어오는 송기보다 볼품이 없다고 불평을 하곤 했다.

ㄷ자 형의 춘화네 집은 마루가 높고 깊었다. 한여름에도 컴컴한 마룻바닥에 엎드려 있으면 더위를 느낄 수 없었다. 때로 마루 뒤쪽에 있는 쪽문을 열 때면 산 아래까지 아스라이 이어진 좁다란 길이 보였다. 아무도 오가는 사람 없이 하얗게 햇볕만이 쏟아져 내리고 있는 한낮의 길. 그 길을 바라볼 때면 온 동네가 텅 빈 듯 하던 고요, 그 적막에 숨이 멎을 것 같아 난 슬그머니 마루문을 닫곤 했다.

여름이 가고, 가을이 오고, 겨울이 와도 늘 춘화와 함께 지냈다. 겨우내 산 밑의 영자네 집까지 함께 밤마실을 다녔고, 털실로 장갑을 뜨는 법이며 화투놀이까지도 겨울 밤 춘화에게서 배웠다. 춘화가 가지 않는 곳에 난 혼자 다니지 못했고 춘화 역시 항상 언니처럼 나를 데리고 다녔다.

초등학교를 졸업하고 내가 중학교생이 되었던 다음해, 우리 집은 아버지의 전근으로 그곳을 떠나 이웃의 다른 면소재지로 이사를 갔다. 춘화와의 왕래는 그때로써 끝이 났다.

성인이 되어가면서 이어지는 새로운 만남과 변화. 그리하여 춘화와의 기억들은 가슴 밑바닥으로 가라앉아 갔다.

무심코 켠 TV에서 「그 사람이 보고 싶다」란 프로그램이 방영되고 있다. 멀리 LA를 연결한 특집 프로다. 못본 지 오래된 일가친척에게 안부를 전하는 사람, 헤어져 소식을 알 수 없는 친구를 찾는 사람, 그들의 만남은 감동으로 이어진다. 사람들은 그 감동의 희열을 맛보기 위하여 TV를 끄지 않는다.

개인주의, 이기주의, 프라이버시 같은 단어 속에서 현대인은 타인이나 이웃에게 무관심한 21C를 산다. 현관문 하나만 걸어 잠그면 모든 것이 단절되는 주거공간에서 걸어 잠근 문보다 더 꼭꼭 마음의 빗장을 건다.

그러나 우리 마음의 심연에는 사랑, 희생, 봉사, 그리움 같은 아름다운 것들이 변함없이 흐르고 있다. 이웃과 타인과의 벽이 두꺼워 갈수록 마음 한편에는 '사람과의 정(情)'에 대한 갈망 또한 정비례해 간다.

나는 초등학교 동창모임에 한 번 참석했을 뿐 지금껏 나가지 못하고 있었다. 그러나 오는 여름엔 춘화를 만나러 가야겠다. 만나서 우리가 공유하고 있는 많은 것들에 대해 이야기할 것이다.

춘화네 집 텃밭의 작은 앵두나무와 감나무, 뒤란의 채송화와 접시꽃, 안방에 층층으로 놓인 채반에서 굼실거리던 누에들, 눈 내린 겨울날 마당에 퍼지던 쇠죽 끓이던 냄새까지도…. 모든 것들이 아직도 우리를 연결하고 있는 보이지 않는 끈이다. 그리고 춘화에게 말해야겠다. '그 시절 네가 있어서 참 행복했었다.'라고.

(대한문학 2004. 가을)

제3부

도시 위에서

뭉크, 그의 절규

덕수궁 앞을 지나다가 뭉크의 「마돈나」가 걸려있는 포스터를 보는 순간 가슴이 뛰었다. 뭉크의 판화전이 덕수궁 미술관에서 열리고 있었다.

보름 전, 북유럽 여행 중 노르웨이의 수도 오슬로에 머물렀다. 오슬로는 세기말의 표현주의 화가였던 '에드바르드 뭉크'가 태어나 성장한 곳이며 마지막 순간 자신의 전 재산과 작품들을 기증한 도시로 '뭉크미술관'이 있는 곳이다. 그러나 안타깝게도 '뭉크미술관'이 관광코스에 들어있지 않았다. 미술관을 들르지 못하는 것에 대해 섭섭함을 이야기하는 나와 남편의 대화를 듣고 있던 가이드는, 「절규」도 도난당해서 없는데 뭐 볼거리가 있겠느냐, 고 말했다. 그러나 난 뭉크의 작품들을 보지 못한 채 오슬로를 떠나오며 얼마나 아쉬워했던가.

아직 여행의 여운이 남아있는 오늘, 우연히 뭉크의 판화들을 덕수궁미술관에서 만나게 될 줄이야…. 뭉크는 판화를 좋아하여 평소 주머니 속에 동판을 넣고 다녔다 하지 않던가. 발걸음을 미술관으로 돌렸다.

뭉크의 사진과 연보가 적혀있는 글 옆에, 그림 「병든 아이」가 걸려있다. 열다섯 살의 나이에 가족력인 폐결핵으로 인해 세상을 떠난 뭉크의 누이 소피에의 얼굴이다. 이미 다섯 살에 어머니를 잃은 뭉크에게 어린 누이의 죽음은 또 다시 큰 상처가 되었다. 훗날 뭉크가 「병든 아이」의 모티브를 반복하여 그렸던 것은 누이의 죽음에서 받은 충격 때문이었다고 한다. 어린 아이의 얼굴에 병색이 완연하다. 그 모습이 어찌나 애처로운지 그림 앞에서 발걸음을 옮기지 못하고 서성거린다.

"예술가란 무엇인가. 예술은 슬픔과 기쁨에서 비롯된다지만 주로 슬픔에서 연유한다. 슬픔은 사람들의 삶 속에 항상 잠재한다. -뭉크"라고 벽면에 쓰여 있는 문구를 반복하여 읽는다. 예술가의 위대함이란, 삶 속의 슬픔을 승화시켜 예술로 탄생시키는데 있는 것은 아닐까.

뭉크는 어려서 본 가족들의 죽음으로 인해 자신 또한 건강에 자신감을 갖지 못했고, 괴팍한 성격의 아버지와 겪는 갈등은 그를 더욱 우울하게 했다. 어린 시절을 돌아보며 "질병, 광기, 그리고 죽음, 이것이 나의 요람을 지키는 암흑의 천사였다."고 회상했던 그는 평생 삶의 불안을 떨치지 못한 채 신경쇠약증을 앓으며 그림에 몰두했다.

「자화상」을 지나 옆 전시실로 들어갔다.

뭉크를 사랑하여 결혼을 강요했던 여자 「룰라 라르센」, 사랑하면서도 두려움의 대상이었던 「마돈나」, 나체의 한 여인을 가운데 두고 양복의 신사들이 둘러서 있는 「골목길」 「살로메」 「재」 「손」 등. 색채가 사라진 검은 판화들이 흰 벽면에 붙어있다. 그로테스크한 그림들과 흑백의 공간. 갑자기 알 수 없는 다른 차원의 세계 속으로 빨려들어 와 있는 듯하다.

머리를 늘어뜨린 여자가 남자의 뒷목에 입술을 대고 있는 그림 「흡혈귀」, 마치 내가 누군가의 피를 빨아 대고 있는 듯 가슴이 쿵쿵 뛴다.

무엇이 그에게 여성이란 포근함, 아름다움, 사랑스러운 이미지를 지닌 그리움의 존재가 되지 못하고, 남자의 피를 빨아먹고 남자의 목을 베는 악녀로 떠오르게 했단 말인가.

그에게 여자란 '사랑스런 마돈나이며 동시에 두려운 메두사'였다고 한다. 사랑 뒤에 오는 질투와 미움과 환멸에 시달렸다는 뭉크. 그러나 진실한 사랑이란 사랑이 사라진 뒤에 오는 감정들까지도 포용할 줄 아는 성숙함이리라.

섬뜩하기까지 한 그림들 앞에서 나는 왜 쉬이 떠나지 못하고 있는 걸까. 벽면에 걸린 그림들에게서 인간의 원죄와 같은 운명적 슬픔과 뭉크의 개인적인 고통이 뿜어져 나온다. 내 가슴이 무지근히 아파온다.

인간의 여러 가지 면모를 담아 하나의 시리즈로 제작하고자 했다는 '생의 프리즈', 그를 생각하면 언제나 '생의 프리즈' 연작의 한 작품인 「절규」가 떠오른다.

붉은 주홍빛 하늘을 배경으로 다리 위에 서서 잔뜩 공포에 떨고 있는 사람. 그는 양손으로 귀를 막고 크게 입을 벌려 힘껏 소리를 지르고 있다. 그러나 그의 소리는 아무에게도 전달되지 못하고, 너무나 겁에 질려 있는 그는 그만 얼굴을 감싸고 그대로 풀썩 주저앉을 것만 같다. 그를 그토록 공포에 떨게 하는 것이 삶과 사랑과 이별, 죽음이라는 생의 본질들이란 말인가. 그렇다면 벽면에 걸려있는 37점의 작품들은 모두 그의 처절한 절규가 아닌가.

다시 뭉크의 「자화상」 앞으로 다가갔다.

한 생애가 끝나가는 그는 두 눈이 퀭한 앙상한 얼굴로 정면을 향해 무심한 표정을 짓고 있다. 이제 모든 삶의 두려움으로부터 놓여난 것일까. 아래쪽에 그려놓은 하얀 팔뼈를 빼곤 나머지 공간을 모두 까맣게 칠해 놓았다. 검은색 공간이 거울의 효과를 내어 맞은 벽면에 걸려있는 뭉크의 사진을 비추고 있다. 그림 속의 늙은 그와 사진 속 젊은 그, 둘이 된 뭉크의 얼굴에서 그가 겪어낸 세월을 본다. 액자 속에는 감상자인 내 얼굴도 비추어진다. 그의 자화상 위에 내 얼굴을 포개어 본다. 내가 뭉크가 되고 뭉크가 내가 된다. 눈동자를 마주 본다. 그의 눈동자가 젖어오는 것일까, 내 눈동자가 젖어드는 것일까.

"당신의 한 생애도 아팠군요. 그러나 어느 영혼에 상처가 없단 말입니까. 존재하는 모든 영혼은 외롭고 상처받지만 스스로 위로하고 치유하며 견뎌내는 것이지요. 당신의 삶을 보며 나는 오늘 나를 위로합니다. 삶은 누구나 아픈 것이라고."

나는 젖어 든 눈을 껌벅이며 그에게 혼잣말을 했다.

뭉크의 일기와 편지글이 실린 책 한 권을 사들고 미술관의 돌계단을 내려왔다.

"날이 아무리 환하고 밝더라도 눈물로 범벅된 사람들한테는 어둡고 침침하게 보인다. 내가 원하는 것을 그는 이해하지 못했다. 나 또한 그에게 가장 중요했던 것을 이해하지 못했다. 우리가 모두 같은 신의 창조물인데도 불구하고 내가 얼마나 괴로워했는지, 아버지 당신은 아셨습니까?…"

돌아오는 길, 책장을 펼쳐든 나는 또 다시 들려오는 그의 절규에 그만 내려야 할 전철역을 지나치고 말았다.

뭉크의 가슴 깊숙이에 있는 삶에 대한 사랑과 애착만큼, 그는 또한 사랑과 이별과 죽음을 두려워한 것이리라.

미술관을 다녀온 이튿날, "2년 전 도난당했던 노르웨이의 화가 에드바르드 뭉크의 걸작 「절규」와 「마돈나」를 되찾았다고 오슬로 경찰이 31일 밝혔다. 경찰은 이 날 기자회견에서 지난 2004년 8월 22일 오슬로 소재 뭉크 미술관에서 복면 무장괴한에게 도난당한 그림들이 2년 만에 회수됐으며 그림들의 상태는 양호하다고 발표했다."라는 뉴스를 들었다. 「절규」는 노르웨이 돈으로 5억 크로네(7900만 달러)이며 「마돈나」는 1억 크로네(1580만 달러)"라는 얘기와 함께.

(2006. 8.)

나혜석 거리에서

수원에 가고 싶었다. 수원시 팔달구 인계동에 조성되어 있는 '나혜석 거리' 그곳에 가보고 싶었다.

우리나라 최초의 여류 서양화가, 여권운동의 선구자, 3·1운동에 참가한 독립 운동가이며 「폐허」의 동인으로서 문필가이기도 한 정월(晶月) 나혜석, 내가 그의 이름을 처음 알게 된 것은 1981년 여름, 『달뜨고 별지면 울고 싶어라』라는 책을 통해서였다. 책에는 정월의 생애와 일화, 그리고 시, 소설, 수필, 희곡 등의 문학작품이 실려 있었다. 그때 나는 정월과 같은 시대를 살았던 신문화 초창기 최초의 여류문인 탄실(彈實) 김명순의 『나는 사랑한다』와 김일엽의 글, 그리고 『불꽃의 여자, 시몬느 베이유』 같은 종류의 책들을 읽고 있었다. 그들은 모두 자신만의 색깔을 지닌 여자들이었고, 삶은 불행했다.

그 뒤 지난 새천년, 나혜석은 그 해 2월 여성최초의 '문화인물'로 지정이 되어 우리에게로 다가왔다. 그러나 그 뿐이었다면 난 '나혜석 거리'가 생겼다 해도 그곳에 가보고 싶어하지 않았을지도 모른다.

어느 날, TV 화면을 켜자 마이크를 든 리포터를 뿌리치며 문 뒤로 급히 들어가 버리는 사람의 모습이 비치고 있었다. '문화인물'로 지정된 나혜석에 대한 이야기가 막 끝나가는 화면이었다. 리포터를 피한 사람은 정월의 친정 조카인 듯 했다. 그는 이미 앞 장면에서 인터뷰에 응했는지 모르지만 마이크를 뿌리치고 들어 간 뒤 다시는 모습을 나타내지 않았다. 그 장면을 본 뒤, '나혜석'이란 이름은 알 수 없는 애틋함을 지닌 채 다시 내 가슴 한편으로 스며들었다.

그날, 그는 왜 이렇게 말할 수 없었을까. '그분은 독립 운동가였으며, 예술가였으며, 시대의 선각자로서 여성의 정신적 혁명을 부르짖은 아주 멋진 분이었습니다.'라고.

너비 20여미터의 탁 트인 '나혜석거리' 입구로 들어섰다. 「인형의 가」라는 시(詩)가 새겨진 벽면부조의 조형물 앞에 한복을 입고 두 손을 모은 채 먼 곳을 응시하고 앉아있는 정월의 동상이 있다. 평범한 근대여성의 모습이다. 이 수수하기만한 그의 모습 어디에, 화려했던 한때를 거쳐 비참한 최후를 맞기까지의 파격과 열정, 비극적 운명이 함께 숨 쉬고 있었을까.

깨끗이 타일이 깔려있는 길 위에 페튜니아 꽃이 피어있는 커다란 화분이 줄줄이 놓여있다. 이국적 풍경이 정월이 머물렀던 파리를 떠올리게 한다.

파리! 한 치 앞을 알 수 없는 것이 사람의 운명이라 했다. 그 운명은 사람과의 인연에서 시작되는 것 아닐까. 우리나라 여성 최초로 세계여행을 하며 파리에서 머물렀던 정월은 그곳에서 '잘못된 사랑'에 빠지고 만다. 만약, '잘못된 만남'이 없었다면 무덤도 없이 죽어간 정월의 운명이 달라졌을까. 어쩌면, 열렬했던 첫사랑과의 사별이 이미 그의 운명을 회색빛으로 예고한 듯도 하다.

장맛비가 그친 칠월 중순, 오늘 이 거리는 마냥 한적하다. 꽃길을 따라 걸어가니 단발머리에 캔버스와 화구를 들고 서 있는 또 하나의 나혜석 상이 있다. 400여 미터 되는 이 거리에 조각가는 정월의 무엇을 표현하려고 두 개의 동상을 마주 세웠을까. 한복을 입고 있는 동상이 이혼 후 "아이들이 미치도록 보고 싶어"라고 절규하던 원초적 모성의 여성성을 지닌 그의 모습이라면, 화구를 들고 서 있는 이 상(像)은 화가로서, 한 인간으로서, 실존과 자아를 외치는 또 하나의 그의 모습은 아닐까.

삶이란 도대체 무엇일까.

"나는 결코 가사를 범연히 하고 그림을 그려온 일은 없습니다. 내 몸에 비단 옷을 입어 본 일이 없고 잠시도 놀아 본 일이 없었습니다. …내게서 가정의 행복을 가져간 자는 내 예술이 아닌가 싶습니다. 그러나 이 예술이 없고는 감정을 행복하게 해줄 아무것이 없었던 까닭입니다." 그가 쓴 글의 한 대목이다.

부와 명예, 풍족한 외적조건을 지녔다 해도 채워지지 않는 인간의 고독과 끝없는 욕망. 사람은 무엇으로 살며, 인간의 감정은 또 무엇이란 말인가.

"그는 생활과 현실을 모르는 여성이었다. 생활이 무엇인지 처세가 무엇인지 그런 것은 한 번도 생각하여 보지 못한 여성이다. 남을 속일 줄도 모르고 해칠 줄도 모르고 욕할 줄도 모르는 그는 누구와 원수질 줄도 모르는 여성이었다."라고 그의 후배는 정월을 회상했다.

그는 이성보다 감성이 강한 여자였을 것이다. 이성보다 감성이 강한 여자에게 현실은 언제나 낯선 사막같이 뿌리내리기 힘든 곳 아니던가.

'호주제 폐지'를 외치는 오늘날, 나는 '나혜석 거리'에 서서 선각자로서 그가 외쳤던 여성의 권리와 인간의 본성과 자유에 대해서가 아니라, 밝고 활달한 성격과 명석한 두뇌를 지녔던 한 여성의 운명에 대하여 생각한다. 인간의 운명이란 자신의 뜻이 반영되지 않은 채 이미 절대자가 써놓은 계획대로 되어가는 것은 아닐까. 그러기에 삶은 불가사의 한 것이며 때때로 우리는 그 불가사의 앞에서 아득한 절망감에 빠지기도 하고, 그지없이 겸손해지기도 하는 것이리라.

틀에 매이지 않는 자유로운 사고로 새로움을 창조해 내는 예술가의 기질과 재능을 가지고 태어나, 자신만의 색깔을 지니고 산 정월 나혜석. 누군가 '전통이나 인습의 단절'로부터 예술은 출발한다고도 했듯, '절대적 규범'의 해체까지 외쳤던 그의 삶이 곧 한 편의 예술이라는 생각이 든다. 시대를 앞서 갔던 그의 삶은 소설작법의 '낯설게 하기'란 단어처럼 틀을 깨는 예술이었다.

분수대를 지나 되돌아와 정월의 동상 옆에 나란히 앉는다. 사람의 수만큼 다양하게 존재하는 삶의 방식. '삶에 연습이 있다면', 하고 우리는 말하지만, 연습을 했다하여 과연 실제의 삶에서 어떤 실수, 허물, 후회가 생기지 않을 수 있을까.

한 여성으로서 안타까운 생애를 마친 그였지만, 떠난 지 반세기 넘어 이제 예술가로서 당당히 부활한 정월의 모습을 이곳에서 본다. 사람은 무엇으로 살며 무엇이 우리를 영원케 하는 것일까, 나는 다시 화두처럼 일어나는 생각을 접으며 정월의 동상 옆에서 일어섰다.

"정월, 조르주 상드는 소설을 쓰면서 많은 남성과 연애를 했어도 말년을 행복하게 보냈지요. 피카소는 여든의 나이에 어린 여성과 열 번째 결혼을 했어도 사람들은 그를 위대한 화가라 부르지요. 그러나 정월이 태어난 이 땅은 님이 그리워하던 '자유의 파리'가 아니라 과도기의 조선이었습니다. 어찌 그리도 눈치가 없었단 말입니까. '사람이 배고프면 밥 먹고 색이 일면 색을 쓰는 게 뭐가 이상한가.'라든가, '가정을 깨지 않는 한 남녀의 연애는 생활에 활력을 준다.'라는 말들은 어딘가에 숨겨놓지 그랬습니까. 그랬더라면 친정붙이가 숨듯이 문 뒤로 들어가 버리는 그런 일은 없었을지도 모르잖아요. 그러나 그렇지요. 모든 사람이 똑같은 색깔을 지니고 틀 속에서만 갇혀 산다면 세상에 무슨 변화와 발전과 창조가 있겠습니까. 변화가 없는 세상에선 또 무슨 맛으로 산답니까. 정월, 님은 화가로서, 문필가로서, 시대의 선각자라로서 자신의 몫을 다했으며, 또한 한 인간으로서 내면의 감정에 충실했던 아주 멋진 분이었습니다."

동상을 바라보며 혼잣말을 하고 한적한 나혜석 거리를 걸어 나왔다.

언제 연이어 장맛비가 내렸냐는 듯 하얀 뭉게구름이 뭉게뭉게 떠 있는 하늘에서 뜨거운 햇살이 건물들의 지붕 위로 쏟아져 내리고 있는 여름날 오후다.

(2005. 7.)

도시 위에서

8월 초순, 중국의 상하이(上海)에서 서커스를 관람했다. 저글링, 접시돌리기, 모자 돌리기, 오토바이 쇼 등 그들이 해내는 절묘한 재주를 보며 인간의 능력에 대하여 생각했다.

그 중 하나인 '플라잉'은 천장에 매달린 끈을 이용하여 한 쌍의 남녀가 공중을 나는 묘기였다.

안개 속처럼 어둡고 신비한 분위기를 자아내고 있는 무대 조명. 젊은 여자가 슬픈 표정을 지으며 걸어 나와 가로등 밑의 벤치에 앉는다. 그녀는 괴로운 몸짓을 한다. 그때, 배경음악이 빨라지며 한 청년이 공중에서 나타났다. 줄을 잡고 공중을 날던 청년은 바닥으로 내려오는 듯 하더니 괴로워하는 처녀를 낚아채어 다시 허공으로 날아올랐다. 그들은 공중에서 줄을 이용해 몸의 균형을 잡으며 아름다운 음악 선율에 맞추어 몸동작을 자유롭게 표현했다. 마치 우리의 삶도 외줄에 매달려 곡예를 하고 있는 것과 같다는 것을 보여 주기라도 하려는 듯이. 그들이 연출하는 몸짓에 따라 관객들은 때로 숨을 죽이고, 때로는 환호와 박수로 응했다. 나란히 공중을 날고 있는 두 남녀. 저 환상적인 모습은 샤갈의 그림 「도시 위에서」가 아닌가. 문득 서울에서 열리고 있는 샤갈전을 떠올렸다.

고층아파트에서 내려다보는 도시는 회색빛이다. 주방 싱크대 앞에서, 나는 할 일을 잊고 마냥 창밖의 도시를 내려다보고 서 있다. 저 도시 속에서 일어나는 일상들. 그들과 함께 합류하지 못하는 나의 무딘 현실감이 나를 무인도처럼 외롭게 하고 있다. 나는 아직도 무슨 꿈을 꾸기에 저 '도시 속'으로 걸어 들어가 땅 위에 굳게 발 딛고 서지 못하고 홀로 떨어져 이렇듯 '도시 위에' 떠 있는 듯한 느낌이 드는 걸까.

회색 아파트 단지를 멀리 두고 가까이 보이는 건물의 옥상엔 방수용 초록 페인트가 칠해져 있다. 그 뒤로 주황색 붉은 기와지붕이 보인다. 초록과 붉은 지붕. '아! 샤갈을 보러 가야지.'

'20세기 최고의 색채화가'란 평을 듣는 '마르크 샤갈전(展).' 시립미술관은 소문대로 관람객들로 붐볐다. 늘어선 사람들의 줄을 따라 이층 전시실로 들어서자, 그림 속의 모든 것들이 공중에 떠 있다. 「파란 풍경 속의 부부」도 「연인」도 「염소」도…. 벽면의 끝쪽에는 상하이서커스 단원이 연출하던 모습과 닮은 그림 「도시 위에서」가 걸려 있다.

눈이 내릴 듯한 회색 공간, 도시 위를 수평으로 날고 있는 두 남녀. 흰색 레이스가 달린 스커트를 입은 여자와 초록 와이셔츠의 남자는 샤갈과 그의 아내 '벨라'이다. 차분하고 단순한 색상. 결혼의 기뻠을 노래한 그림이라고 하기엔, 비테프스크의 하늘을 날고 있는 그들의 얼굴이 왠지 어둡게 보인다. 1917년에 일어난 러시아 혁명을 전후해 그렸다는 시대적 배경 때문일까.

그림에 지견(知見)이 없는 나는 나대로의 생각에 빠진다.

개인의 삶 또한 그 시대와 맞물려 있기에 갓 결혼을 한 그들에게 러시아의 현실은 불안감을 주었을 것이다. 공중을 날고 있는 연인은 불안한 현실로부터의 탈출이다. 주변의 모든 상황으로부터 벗어나 꿈과 사랑만을 노래하고픈 내면의 소망처럼 보인다.

그림의 아랫부분엔 회색 담벼락 밑에서 용변을 보고 있는 남자가 그려져 있다. 눈을 의심하면서 작은 그 남자를 가까이 가서 바라보다가 나는 웃음을 짓는다. 현실은 땅에 있고 꿈은 허공에 있다.

일곱 개의 테마로 나누어져 2, 3층을 가득 채우고 있는 120여 점이나 되는 샤갈의 작품들을 둘러보고 나니 마치 한 권의 수필집(隨筆集)을 읽은 것 같다. 초현실주의 화가인 그의 그림이 사람들에게 친근감은 주는 것은 자신의 일상적인 삶을 소재로 택했기 때문일 것이다. 또한 그는 삶을 얼마나 따스한 시선으로 바라보았는가. 입맞춤하는 연인, 아이를 안고 있는 부부, 풍성한 꽃다발, 늘 보아오던 가축들. 그리고 자신이 사는 도시. "나의 작품은 내 추억들이다."라고 말했듯 그의 그림은 편편이 수필이며 그의 자서전이었다.

「페이라 카바의 벨라와 이다」 앞에서 잠시 서 있었다. 회색과 푸른색이 어우러져 뿜어내는 환상적 분위기와 지극한 평화로움. 한 가족의 행복한 모습이 그림 밖의 내게로 전해져 왔다.

미술관을 뒤로 하고 아직도 뜨겁기만 한 초가을의 햇볕 속을 걸으며 난 허공에 떠있는 또 다른 한 여인을 떠올린다.

…그가 보고 싶어요. 누가 그에게 전화를 걸어 줄 수 없나요? 내가 그를 기다린다고… 샤갈의 눈 내리는 마을에서 아직도 그를 기다리고 있다고… 춥고 배고파. 그리고 남자와 자고 싶어….

…붉은 태양과 그리고 한 다발의 꽃과 두 여인. 올망졸망하게 눈 덮인 마을과 헐벗은 겨울나무의 풍경들이 아득하게 떠오르기 시작했다. 아주 오래 전부터 우리의 기억 속에서 잠자고 있던 그런 풍경인 것 같았다. 그리고 오래지 않아 여자가 어깨를 두드리는 소리….

–박상우의 소설 「샤갈의 마을에 내리는 눈」에서

이 소설 속 여자도 허공에 떠있다. 그러나 그녀는 비상의 즐거움을 노래하지 못하고 무중력 상태에서 몸의 균형을 잃고 비틀거린다. 현실에 뿌리내리지 못한 자에게 삶이란 외로움이다. 문득 그녀의 외로움이 내게로 옮겨오는 것 같다.

삶은 샤갈에게도 외로운 것이었다. "이 세상은 광대한 사막 같은 곳이었고 나는 그곳을 헤매는 호롱불 같은 것이었다."라고 그도 말하지 않았던가. 그러나 그는 꿈과 사랑으로 외로움을 싸안았다.

현실은 낮고 꿈은 높다. 꿈속에 살기에는 현실이 낮고 현실에 머물기에는 꿈이 손짓한다. 그 사이에 끼어있는 나. 나는 샤갈이 될 수 없다. 그러나 샤갈이 되어야 한다. 「도시 위에서」의 그림 속, 담벼락 밑에서 용변을 보고 있는 남자의 작은 모습이 눈앞에서 어른거린다.

(수필과 비평 2004. 11·12월)

봄 산을 거닐며

산으로 갑니다. 산길로 들어서는 초입엔 냉이가 가느다란 꽃대를 내밀어 쌀알같이 작은 흰 꽃들을 잔뜩 피웠습니다. 꽃다지 역시 바닥 가득 노란 꽃을 달고 있네요. 바람이 스칠 때마다 자르르 줄기를 흔드는 작은 꽃들이 생의 환희를 온몸으로 느끼고 있는 듯 합니다. 꽃다지 꽃을 자세히 보려고 땅 가까이 고개를 숙입니다. 고 조그마한 네 이파리의 꽃잎 속에도 작은 우주가 들어있지요.

나는 그것들이 얼마나 바지런한지 알고 있습니다. 이른 봄, 주위의 많은 것들이 아직 겨울잠에서 깨어날 기미도 보이지 않고 있을 때, 검불 속에서 파란 돌나물과 꽃다지와 냉이가 봄이 왔음을 알려왔습니다. 겨울 추위를 견뎌내고 먼저 살포시 얼굴을 내미는 것은 작고 여린 것들이지요. 아직 산이 비어 있을 때 일찍이 꽃을 피워 미미한 자신의 존재를 알리고, 다음에 돋아나는 무성한 생명들에게 미련 없이 자리를 내어 준답니다.

어느새 찔레의 새순도 손가락 길이만큼이나 자랐습니다. 이곳에서 지금 가장 푸른 것이 찔레넝쿨입니다. 찔레는 가을에 익은 빨간 열매를 겨우내 달고 있더니 봄이 되자 주변의 어느 것보다도 먼저 싹을 틔웠습니다. 지난해에는 환하게 핀 찔레꽃 앞을 지날 때마다 '찔레꽃' 하고 이름을 부르며 오래 된 친구를 만난 듯 그 앞에 한참씩 서 있곤 했습니다. 그러나 오늘은 온통 언덕을 덮고 있는 초록 넝쿨들을 보며 찔레의 강인한 생명력을 생각합니다. 난 '강인(强靭)'이란 단어에는 왠지 거부감이 들곤 합니다. 찔레가 세우고 있는 가시처럼 너무 강한 사람에겐 가까이 갈 수 없어 거리를 두게 되지요. 그러나 다시 생각해 보면 강함 속에는 들키고 싶지 않은 '여림'이 숨어 있는 건 아닐까요. 찔레도 아주 순한 것이어서 오히려 가시를 달고 있는지도 모릅니다. 군것질 거리가 없던 옛 시절, 우리는 봄 들판으로 몰려다니며 찔레의 여린 새순을 꺾어서 먹기도 했었잖아요.

봄 산엔 생(生)과 사(死)가 함께 있습니다. 바삭 소리가 날 것 같은 가랑잎을 매단 상수리나무 옆에 연둣빛 새싹이 돋은 국수나무가 있습니다. 낙엽이 수북이 쌓인 땅 위로 돋아난 새 생명들을 보며 생사의 경계가 무엇일까 생각합니다. 지난 겨우내 그들의 생명은 우리가 볼 수 없는 땅속에 있었습니다. 그러다 적당한 환경이 되자 다시 땅 위로 모습을 나타낸 것이지요. 떠났다가 다시 돌아오는 철새들과 무엇이 다를까요. 눈에 보이고 보이지 않음의 차이를 가지고 인간의 잣대로 생(生)과 사(死)라 구분하는 건 아닌지요. 산길을 홀로 걸을 때면 가끔 이런 나만의 엉뚱한 생각에 빠져들곤 한답니다.

길이 굽어드는 곳에 이르면 계곡 건너편에 평평한 빈 땅이 있습니다. 그곳엔 스무여 개의 벌통이 놓여있습니다. 두 내외가 함께 일을 하고 있네요. 땅바닥에 비닐을 깔고 양옆으로 긴 막대를 연결하는 모습이 올 봄엔 벌통 수를 더 늘리나 봅니다. 모자를 눌러 쓰고 앉아 있는 여자의 일손이 어설퍼 보입니다. 아마 여자는 처음 그 일을 해 보는 듯합니다. 몇 발짝 떨어져 있던 남자가 다가가 휙 하고 막대기를 빼앗아 자신이 직접 간격을 맞춥니다. 그들의 모습이 아련한 풍경화로 다가와 잠시 그 모습을 바라보고 서 있습니다. 문득, '워, 워, 워' 땅을 일구던 농부의 목소리가 어디선가 들려오는 듯합니다.

오랫동안 자연을 잊고 살았습니다. 시멘트 공간에서는 사람의 심성도 회색 콘크리트처럼 굳어가는 것 아닌지요. 현관문 하나로 모든 것이 단절되는 주거공간에 살면서 나 또한 개인주의와 이기주의로 얼마나 두터운 담을 쌓아올리고 있었던 것일까요. 어쩌면 나는 사람에게서 위로받지 못하는 외로움을 털려고 자꾸 산으로 가는지도 모릅니다.

산언덕으로 접어드니 여기저기 진달래가 활짝 피었습니다. '저 만치 혼자서' 피어있던 꽃이, '꽃이 좋아 산에서 사는 작은 새'의 노랫소리 때문일까요. 며칠 사이에 저렇듯 화들짝 꽃잎이 벌어진 것은. 꽃등에 한 마리가 앵앵거리며 꽃과 꽃 위로 옮겨 다니고 있습니다. 동행이 있다면 오늘은 '칼바위능선'까지 다녀와도 좋을 듯 합니다. 그러나 혼자인 난 매표소 옆의 약수터를 지나 되돌아섭니다.

알 수 없는 일입니다. 산길을 걸으면, 어디에서 이렇게 마음의 평화가 오는 걸까요.

열흘 붉은 꽃이 없다했듯 진달래가 질 때면 산 벚꽃과 이름을 알 수 없는 또 다른 꽃들이 피었다 지며 하루가 다르게 새싹이 돋고 산이 푸르러 갈 것입니다. 그러다 시간이 지나면 푸르른 것들도 빛을 잃고 다시 땅으로 되돌아갑니다. 자연이 키워내는 것들은 서로 경쟁하지 않으며 자신의 몫에 충실하다 때가 되면 대자연의 질서에 고요히 순응합니다. 순리를 따르는 이 아름다운 것들을 생각할 때면 나는 늘 가슴이 뭉클합니다.

산길을 걸으면, 삶의 쓸쓸함도 허무도 세상살이에서 일어나는 내 욕심 때문임을 깨닫습니다. 이 봄, 제 몸에서 다시 돋아나는 새싹들처럼, 나에게도 '새 사람'으로 거듭나는 깨달음의 푸른 싹이 자라나길 바라며 산길을 내려옵니다.

(대한문학 2007. 봄)

신비의 도시, 베네치아

서울을 떠난 지 이레째입니다. 오늘은 아침 일찍 밀라노를 출발하여 '물의 도시' 베네치아를 다녀왔습니다.

'신은 자연을 만들고 인간은 도시를 만들었다.'고 하지요. 이번 서유럽 여행에서 가장 공감한 글귀입니다. 그 중 '인간이 만든 도시'의 최절정판이 이곳 베네치아가 아닐까 생각합니다. 훈족의 침공을 피하기 위해 베네치아 주변에 살던 로마인들이 그들의 생사를 걸고 개펄 위에 세웠다는 도시. 수백만 개의 떡갈나무 말뚝을 바다 밑 점토층에 박고 그 위에 지어진 이 수상도시는 118개의 작은 섬들과 약 170개의 운하들이 400여 개의 다리로 연결되어 있습니다. 물 위에 떠 있는 도시, 이것이 진정 인간의 힘으로 만들어낸 결과물이란 사실에 난 인간 능력에 경외를 표하고 싶습니다.

이곳은 바다가 곧 육지입니다. 바다 위로 택시라고 써있는 배가 다니고 바포레토(vaporetto)라고 부르는 수상버스가 다닙니다. 말뚝을 박아 신호등을 표시해 놓은 것이 마냥 신기합니다. 그 말뚝 위에 앉아 있는 물새 한 마리, 또 하나의 풍경이 됩니다.

'탄식의 다리'를 보러가는 길목에는 발걸음을 옮기기에도 힘들만큼 많은 관광객들이 붐비고 있었습니다. 사람들이 모두 베네치아로만 몰려온 듯합니다. 지금이 여름의 휴가기간이라 더욱 그렇지 않을까요.

곤돌라를 타러가는 길에 도시의 뒷모습을 보자고 했습니다. 일반 주택들이 있는 도시의 뒷골목은 한적했습니다. 한 치의 땅이라도 아껴야 하는 이 도시는 빈 공간을 최소한으로 줄여야 하는 까닭에 두 사람이 겨우 지나다닐 정도로 골목길이 좁습니다. "골목으로 잘못 들어가면 이곳에서 평생 살아야 합니다. 미로입니다."라고 가이드는 말했습니다. 골목 안에도 그들의 오랜 역사가 살아 있을 텐데요. 길눈 어둡기로 두 번째라면 서러울 나는 '아리아드네의 실타래'를 감고서 그 미로 속으로 걸어들어 가는 상상을 하며 발가락을 꼼지락거렸습니다. 이곳은 골목에서 길을 잃은 사람을 위하여 어디서나 화살표시가 산마르코 광장 쪽을 향하여 그려져 있다고 어느 책에서 읽은 기억이 납니다.

집집마다 빗물을 받기 위해 지붕에서 실내로 홈통이 연결되어 있습니다. 물 위에 살면서 물이 귀한 도시. 빗물을 가두어 두거나 여과시켰던 우물의 모습이 아직도 빈 뜰에 남아 있습니다.

점심식사 후, 나폴레옹이 '유럽에서 가장 아름다운 응접실'이라 불렀다는 산마르코 광장에 들어서는 순간, 나는 탄성을 질렀습니다. 바다를 등지고 있는 화려하기 그지없는 '응접실'로 수많은 관광객과 비둘기들이 함께 초대되어 온 듯 했습니다.

베네치아의 수호성인 성 마르코의 유해를 모셔놓은 '산마르코대성당'의 아름다움 역시 내부의 황금 모자이크 때문만이 아니라 광장으로 인해 더욱 빛이 납니다.

광장의 매력을 더하는 것은 코끝으로 스며드는 에스프레소 향과 음악을 연주하는 악사들입니다. 우리가 카페 앞에 갔을 땐 흰 정장의 악사들이 막 연주를 끝내고 있었습니다. 광장을 둘러싸고 있는 회랑의 상점가를 둘러보았습니다.

가면 하나를 사고 싶었습니다. 사람들에게 자유와 사는 기쁨을 준다는 베네치아의 축제. 이곳의 유명한 가면 축제는 생각만으로도 황홀해지지 않나요. 검은 가면을 쓰고 긴 망토 깃을 펄럭이는 남자, 흰 깃털이 꽂힌 가면 속에 표정을 숨긴 채 화려한 드레스 자락을 끌며 광장을 거니는 여인들의 모습을 떠올려 보았습니다. 그 숨김 속에 은밀히 퇴폐적 냄새가 풍긴다 할지라도, 가면은 삶의 또 다른 숨통이란 생각이 들지 않나요. 나는 일상에서조차 가면을 쓰고 사는 건 아닐까요. 허위와 가식의 가면 말입니다.

도시의 절정은 베네치아의 중심을 가로지르는 대운하 카날 그란데를 따라 그 주변에 있습니다. 그레이스 켈리 호텔. 카사노바의 집. 샤일록의 집. 레오나르도 다빈치가 학생들을 가르쳤던 학교. 리알토 다리. 르네상스 그림이 가장 많다는 아카데미아 박물관. 탐 크루즈가 사고 싶어 한다는 집 등등. 비잔틴 풍과 오리엔트 풍, 바로크 양식의 아름다운 건축물들이 오랜 세월을 이고 백조처럼 우아하게 물 위에 떠 있는 모습을 그려보세요.

베네치아는 이곳에 머물렀던 많은 예술가들로 인해 몽환적 신비스러움을 지닌 채 다가오곤 했습니다. 괴테, 스탕달, 보들레르, 그리스와 베네치아를 가장 사랑했다는 바이런, 프루스트, 발자크, 모파상, 「여명」「베네치아의 그림자」를 집필한 니체, 릴케, 조르주 상드와 뮈세, 비발디, 「베니스에서의 죽음」을 쓴 토마스만, 모두 이곳에 머물렀던 이들이지요. 나는 아직도 그런 이름들을 생각하면 소녀 때처럼 가슴이 뛥니다. 맨드라미 궁전에 머물면서 「크리스탄과 이졸데」를 집필 중인 바그너의 모습이 상상되시나요. 「베니스에서의 죽음」이라는 소설 속의 주인공 '아센바흐' 교수는 미소년 '타지오'의 아름다움에 반해 결국 이곳의 리도섬에서 죽음을 맞기까지 했지만, 무엇이 많은 예술가들을 베네치아에 머물게 한 것일까요. 독특한 수상도시의 낭만과 화려함만이 그들을 이곳에 머물게 한 것은 아니겠지요.

그러나 겨우 한나절 다녀가면서 아주 오래 전 이곳에 머물렀던 많은 예술가들의 체취를 맡을 수는 없었습니다. 그들이 무엇에 이끌려 베네치아에 머물렀는지 알 수 없으나, 아직도 나를 설레게 하는 그 아득한 이름들이 함께 있어 내게 베네치아는 여전히 꿈처럼 신비스러운 느낌으로 기억될 것입니다.

인생이라는 긴 여행 속에서 여행을 합니다. 여행이란, 새로운 대상과의 만남을 통해 사고의 틀을 넓히며 자신에 대한 성찰과 삶의 의미를 깨달음에 그 뜻이 있다고들 하지요. 그러나 때론, 이렇듯 겉으로 드러난 것들의 아름다움을 보는 심미안적 즐거움을 누리는 것만으로도 생활의 에너지가 됩니다.

내일은 피렌체를 거쳐 로마로 갑니다. 로마에서 이틀을 더 머물고 서울로 돌아갈 것입니다. 서울에서 제가 다시 베네치아 이야길 수다스럽게 하더라도 흉을 보지 않으시겠지요. 그럼…. -2005년 8월 5일 이탈리아에서

(문학공간 2007. 10.)

앙코르(Angor) 왕국

분명 처음 보는 풍경인데도, 언젠가 어디선가 본 듯한 느낌을 주는 곳이 있다. 캄보디아의 씨엠립 국제공항에 처음 내렸을 때의 느낌이 그랬다.

2003년 12월 30일, 공항에 도착한 시간은 오후 8시가 넘어서였다. 어둑한 불빛, 천장에 매달려 돌아가고 있는 선풍기, 컴퓨터 시설이라곤 전혀 없이 비자 발급 업무를 보고 있는 예닐곱 되는 직원들. 입국장 풍경은 마치 낯익은 시골의 어느 버스 터미널 같았다. 수속을 마치고 밖으로 나오니 주위는 어둠에 가려 아무것도 보이지 않고 가로등불 밑에 작은 날벌레들만 날고 있었다.

바람 한 점 실리지 않은 채 얼굴에 와 닿는 부드러운 밤공기. 순간, 난 어린 시절 동생과 손잡고 가설극장 구경을 가던 여름밤을 생각했다. 첫발을 딛는 낯선 이국땅의 밤공기 냄새에서 고향의 여름밤이 연상되다니.

캄보디아 왕국, '킬링필드'가 떠오르는 나라, 가난과 더위가 생각나는 나라, 우리는 이곳에서 무엇을 보고 무엇을 느끼고 돌아갈 것인가.

동남아시아 역사상 가장 크게 번성했던 크메르제국의 옛 수도 앙코르, 9C초~15C 중엽까지 이어졌던 거대한 왕국, 전성기인 12C에는 로스앤젤레스만한 면적에 일백만이 넘는 백성이 거주했었다고 한다. 그러나 아무런 기록이 없어 아직도 많은 수수께끼로 남아있다는 전설 같은 왕국, 캄보디아에서 유일하게 세계문화유산으로 지정된 앙코르 왕국의 유적지를 돌아보기 위해 아침 일찍부터 서둘렀다.

우리나라에서 수입해온 '자동문'이란 한글이 그대로 새겨져 있는 미니버스에서 내려 처음 간 곳은 '거대한 도시'라는 뜻의 '앙코르 톰(Angor Thom)'이었다. 이곳은 크메르 왕조의 마지막 도읍지로 큰 성곽도시였다고 한다.

나무 숲속에 부처의 얼굴 같은 커다란 돌 조각이 보였다. 다섯 개의 성문 중에서 앙코르 톰으로 들어가는 남문(南門)이라 한다. 남문과 연결된 다리 난간의 석상들을 보며 가이드는 선신과 악신의 모양에 대해 설명을 했다. 그때, 미소 짓는 부처 조각상을 등지고 까무잡잡한 피부의 작은 현지 노인 한 사람이 지팡이를 짚고 다리 위로 걸어오고 있었다. 갑자기 나타난 노인을 보고 난 그가 과거로부터 천년의 시간을 걸어서 방금 이 곳에 도착한 건 아닐까하는 엉뚱한 상상을 했다. 그렇지 않고서야 저렇듯 지치고 남루한 모습일 수 있겠는가. 거대한 부처상보다도 자꾸 그 노인의 모습에 눈길이 갔다.

남문 안으로 들어서면서부터 시작된 웅장한 앙코르의 유적들은 놀라움이었다. 그 중, 앙코르 톰의 중심 사원인 '바이욘 사원(Bayon Temple)'에서 만나게 되는 200여 개의 거대한 사면상(四面像)으로 3층 구조에 54개(현재 37개)의 탑을 만들고 탑 사면으로 지긋이 미소 짓는 부처의 얼굴이 조각되어 있다. 사원을 완공한 자야바르만 7세의 얼굴과 관세음보살의 얼굴이 합성된 것이라고 한다. 사면으로 조각되어 있는 것은 백성들을 사방에서 골고루 보살핀다는 뜻이라고 했다. '가장 아름다운 미소'라는 조각상 앞에서 남편은 앵글을 맞추고 있었다.

미소로 둘러싸인 돌탑들 사이에 앉아 있으니 어디선가 석공들이 쪼는 정 소리가 들려오는 듯하다. 문득 신라의 아사달과 아사녀의 애달픈 전설이 떠올랐다. 신격화된 왕과 수도를 찬양하기 위해 쌓아 올린 이 돌덩이로 인해 얼마나 많은 백성들이 피땀을 흘려야 했을까. 아사달처럼 슬픈 사연을 지닌 석공도 있지 않았을까. 빈틈이라곤 하나 없이 섬세하던 회랑의 부조(浮彫), 아름다운 그림의 한 조각에도, 내가 밟고 있는 이 돌덩이 하나에도 아직 그네들의 땀방울이 스며있는 듯하여 애틋한 마음이 된다. 아침, 저녁 빛의 각도에 따라 200여 개나 되는 조각상의 미소 모습이 달라진다고 하니 '인생은 짧고 예술은 길다'라는 말이 새삼 공감될 뿐이다.

그러나 끝없는 영화가 어디에 있겠는가. 스스로 관세음보살로 지칭하며 왕국을 번성시켰던 능력 있는 지도자도 때가 되면 갈 수밖에 없었고, 유능한 지도자를 잃은 왕국도 이어지는 외세의 침입으로 도읍을 옮겨가야만 했다. 그 뒤 어느 날 앙코르 왕국의 영화는 꿈처럼 막을 내렸고 300년이나 걸려 완성되었던 앙코르 톰은 400년 동안 밀림 속에 빈 도시로 버려져 있었다.

'코끼리 테라스'와 '문둥왕 테라스', '프레이칸 사원'과 '타프롬 사원' 등을 둘러본 뒤, 점심 식사 후 호텔에서 잠시 휴식을 취한 일행은 다시 '앙코르 와트(Angkor Wat)'로 향했다. "앙코르 와트를 먼저 봐버리면 다른 곳들이 시시해 보여서 그 곳은 제일 나중에 봐야 합니다."라고 오늘 아침 현지 가이드는 말했다.

캄보디아의 화폐 '리엘'과 나라 국기에도 선명하게 새겨져 있는 이 나라의 상징인 앙코르 와트. 등뒤로 내려쬐는 뜨거운 햇살을 받으며 바라본 사원의 모습은 호수에 비치는 그림자로 인해 더욱 완벽한 아름다움을 연출했다. 수리아바르만 2세 왕이 자신이 죽은 뒤 브라만교 주신의 하나인 비슈누와 합일하기 위해 건립한 이 거대한 사원은 설계도 한 장 없이 37년에 걸쳐 지어졌다고 한다. 특히 지반이 약한 이 나라에서 어떻게 땅을 다졌기에 천 년의 세월을 유지하고 있는가가 또한 불가사의한 일이라고 했다.

해자(인공호수) 위로 놓인 다리를 건너 사원을 향했다. 직사각형의 사원을 둘러싸고 있는 폭 200m나 되는 해자(垓字)는 다리 건너 사원 쪽은 신의 세계를, 반대쪽은 인간의 세계를 뜻하며, 당시에는 악어와 물뱀 등을 길러 사원과 경계를 두었다고 한다. 건기(乾期)인 지금은 수심이 깊지 않은 듯 새카맣게 그을린 사내 아이 둘이 물장난을 치며 연꽃을 따고 있다.

끝없이 이어지는 회랑의 벽화, 돌 하나하나에 새겨진 아름다운 조각들, 이렇듯 정교하고 화려한 석조건물이 또 있을까. 그러기에 '세계에서 가장 아름다운 사원'이라는 이곳을 보고 역사학자 토인비는 "이렇게 불가사의하고 경이로운 곳에서 여생을 마치고 싶다."고 했나보다.

그러나 눈에 보이는 아름다움을 두고 보이지 않는 마음 한편에선 자꾸 쓸쓸함이 일었다. 도대체 인간의 한계와 욕심은 어디까지일까. 바이욘 사원 또한 하늘과 땅의 연결을 의미했던 것처럼, 권력과 부를 지니고도 인간의 욕심은 끝없이 신이 되고자 했다. 어찌해 볼 수 없는 속절없는 목숨. 인간의 유한성이 죽음이 없는 무한한 신의 세계를 그리워 한 것이리라. 그것이 고대부터 지금껏 우리가 신을 떠나지 못하는 이유가 아니겠는가.

미물계를 나타낸다는 일층을 지나 삼층의 천상계를 오르기 위해 이층의 인간계에서 돌계단에 앉아 잠시 쉬고 있을 때, 고개를 들어 하늘을 올려다 보았다. 맑은 하늘에 하얀 낮달이 떠 있었다. 저 달은 아득한 옛날에도 이곳을 비추었을 것이다.

산색고금동(山色古今同)
일월천년경(日月千年鏡)

나는 작은 소리로 옛 글귀를 중얼거렸다. 이 아름다운 왕국에서 천만 년 부귀와 영화를 꿈꾸었을 그네들은 어디로 가고 영원한 것은 저 해와 달 뿐인가. '낮에 나온 반달'을 보다가 고개를 내리니 맞은편에 앉아 있는 잘생긴 청년의 모습이 눈길을 끈다. 어느 나라에서 온 젊은이인지 알 수 없는 그는 지금 이곳에 앉아 무슨 생각을 하고 있는 걸까. 삶의 허무, 인간의 욕망, 시간의 유장과 목숨의 유한성 따위를 아직은 생각하지 않아도 좋으리라. 그는 다만 미래의 꿈을 향해 지적 노력과 지혜를 키워 가면 되리라.

"문명은 거꾸로 앙코르에서부터 쇠퇴한 것인지도 모른다."는 누군가의 말을 생각하며 사원을 뒤로하고 돌아 나오는데, 네댓 살 밖에 안 되었을 어린아이가 빛이 바래고 구멍이 숭숭 뚫린 윗도리를 걸치고 맨발인 채 돌다리의 난간에 기대 서 있다. 수많은 관광객들을 무심히 바라보고 서 있는 아이의 까만 눈망울이 순한 강아지 같다. 아이는 나와 눈이 마주치자 슬며시 고개를 떨어뜨리며 눈길을 피한다. 앙코르의 영화여, 저 어린아이의 삶 속으로 앙코르의 옛 영화가 다시 찾아와 줄 수는 없는가.

언젠가 조상들처럼 번영의 날이 오리라는 희망을 갖게 하는 앙코르왕국. 그들의 삶 속으로 옛 앙코르의 영화가 다시 한 번 찾아와 주길 빌며, 오늘의 마지막 코스인 '프놈 바켕(Phnom Bakeng)'의 일몰을 보기 위해 다시 차에 올랐다.

(수비 동인지 2집 2004.)

가을날

시월의 햇살이 불순물 하나 섞이지 않은 유리알처럼 맑고 투명하다. '가을이 뭐 별 거라고' 아무렇지도 않은 척 중얼거렸지만, 가을 햇살 앞에서 초조해지는 자신을 느낀다. 어느새 시간의 빠름을 느끼는 나이가 되었을까. 하루의 시간, 한철의 흐름이 잠깐 멈추었다 달아나는 고속 전철처럼 빠르게 스쳐가는 듯한 요즘이다.

"다음 주말엔 어디 갈까요?" 으스스한 늦가을로 접어들기 전에 시월의 햇살을 마음껏 즐겨야 할 것 같은 생각이 들어 매주 남편을 은근슬쩍 조른다. 말은 없지만 아마 남편도 금년 들어 시간의 흐름 앞에서 나와 같은 생각을 하고 있는 듯하다.

"민둥산에 억새축제를 한다는데…."

억새야 '하늘공원'에서도 볼 수 있고 서울 근교의 산에서도 볼 수 있겠지만, 66만㎡에 이르는 너른 억새풀 군락지가 있다는 민둥산에 가보고 싶었다.

… 바람도 달빛도 아닌 것/ 갈대는 저를 흔드는 것이 제 조용한 울음인 것을/ 까맣게 몰랐다.// 산다는 것은 속으로 이렇게/ 조용히 울고 있는 것이란 것을…

갈대와 억새는 자라는 곳이 다르고 모양새도 다르지만 같은 벼과에 속한 풀로서, 신경림의 시 「갈대」처럼 가을이면 억새 또한 산 위에서 바람을 맞으며 그렇게 울고 있을 것만 같았다.

나의 말에 별 반응이 없던 남편은, 이튿날이 되어서야 "데려다 줘?"라고 답을 했다. 그러나 운전을 못하는 아내 탓에, 서울에서 강원도 정선까지 남편 혼자 운전을 해서 당일로 다녀오기란 무리일 듯싶었다. 남편의 친구인 김 선생 내외와 함께 여행사 버스를 이용하여 민둥산을 다녀오기로 했다.

서소문에서 아침 일곱 시 출발한 버스는 정선의 소금강이라는 '몰운대'를 들른 뒤, 12시 가까이 되어서야 민둥산 입구의 능전마을에 도착했다.

산을 향해 걷는 길. 아침과 저녁은 기온이 뚝 떨어졌다고 하나 한낮의 햇볕은 아직 뜨겁다. 등뒤에 짊어진 배낭이 무겁다. 김 선생 내외까지 감안하여 보온병에 가득 채운 된장국과 점심 도시락 때문이다.

중간쯤 왔을 때 무릎이 이상하다며 남편의 걸음이 뒤처진다. 남편은 몇 년 전까지만 해도 격주로 산을 다녔다. 토요일 저녁이면 이튿날 새벽 남편이 가지고 갈 도시락을 미리 준비해놓곤 했다. 남편은 드러내 말하지 않아도 그렇게 준비해주는 것을 내심 고마워하는 눈

치였다. 그러더니 몇 해 전 무릎이 시큰거려 산에 오를 수 없다며 다니던 산악회에서 탈퇴를 했다.

정상을 저만큼 두고 나타나는 주변의 억새가 기대와 달리 볼품이 없다. 이미 수액이 마른 풀은 향기도, 빛깔도, 윤기도 흐르지 않는, 생이 다한 한해살이풀의 초라한 모습이다. "생각보다 볼품이 없네." 라는 나의 말에 남편은 다 보지도 않고 미리 판단을 한다고 나무란다. 오는 길에 가이드는 "자연의 천적은 인간인 것 같아요. 사람들이 너무 많이 몰려드니 해마다 억새가 볼품이 없어지는 것 같아요."라고 했다. 자연의 일부로 함께 공존해야 하는 인간이 어쩌다 자연의 천적이 되어가는 걸까.

땀을 훔쳐가며 1,118m의 산 정상에 이르자 드디어 억새군락지다운 민둥산의 멋진 모양새가 드러났다. 건너편의 산은 여기저기 눈이 쌓인 듯 희끗희끗하다. 무성한 억새 사이로 난 울타리 길을 따라 이어지는 등산객들의 행렬이 마치 일렬종대의 개미떼 같다. 겹겹이 둘러쳐진 산 능선을 바라보며 "후우" 하고 들숨과 날숨을 깊게 쉰다. 불어오는 바람결이 마냥 상쾌하다. 오를 때의 고통은 이미 잊었다. 정상에서의 이 기분을 위하여 우리는 산에 오르는 것 아닐까. 인생의 정상 또한 그러하리라.

많은 사람들 사이에 자리를 잡고 앉아 도시락을 펼친다. 산에서 먹는 밥맛은 특별하다. 산을 오르기 위해서는 가능한 짐을 가볍게 비워야 하는 줄 알면서도, 그 즐거움을 위하여 오늘은 배낭의 무게를 감수했다.

내려가는 길은 발걸음이 가볍다. 등에 진 짐의 무게가 가벼워졌기 때문이다. 주어진 책임을 다하고 내려가는 우리의 인생길도 어깨가 가벼웠으면 좋겠다.

걷던 길을 멈추고 뒤를 돌아본다. 지나온 길도 돌아서서 보면 느낌이 다르다. 마주 보는 오후의 가을햇살에 눈이 부시다. 눈을 부시게 하는 건 햇살만이 아니었다. 무채색 억새꽃이 햇살을 받아 반짝반짝 은회색의 투명한 빛을 내고 있다. 억새의 솜털에 바짝 얼굴을 대니, 흰 솜털에 자잘한 유리알들이 달려있는 듯 눈앞에서 억새꽃이 영롱하게 빛을 발한다. 햇살은 억새의 후광이었다. 어느 쪽에서 어떻게 빛을 받느냐에 따라 억새의 모습은 달랐다. 후광을 받은 억새의 은회색 솜털들은 화려한 색깔의 어느 꽃보다도 아름답다. 문득, 모든 것을 비운 채 인생의 황혼기에 서 있는 노신사의 빛나는 은발이 떠오른다.

남편은 사진을 찍어주겠다고 한다. 사람은 빼고 배경만 찍으라고 했다. 한때는 카메라 앞에서 폼을 잡는 것이 즐거웠다. 그러나 이젠 눈에 문제가 생겨 사진기 렌즈를 똑바로 바라보기가 힘들다.

남편과 나도 인생의 가을 길목을 걷고 있다. 쇠도 시간의 흐름 앞에서 녹이 슬듯, 무쇠인 줄 알았던 남편에게도 올해부터 여기저기 고장 나는 소리가 들린다. 가족이라는 등짐을 지고 생(生)의 언덕을 오르느라 고단했기 때문이리라. 오래 전 남편의 마흔다섯 번째 생일날, 나는 친구와 통화를 하다가 목이 메었다. "얘, 내 남편 나이가 어느새 마흔 다섯이다." 그땐 마흔다섯이 꽤 많은 나이인 줄 알았다. 그 뒤, 십 년의 세월이 흘렀다. 그리고 이젠 일선에서 물러날 채비를 하며 귀거래를 꿈꾸는 남편의 귀밑머리가 희끗희끗해졌다.

우리도 물이 내린 억새처럼 은발이 되어갈 것이다. 억새 숲을 거닐며 은발이 아름다운 노년을 그려본다. 은발이 아름다워지기 위해선, 무채색 억새를 보석 같은 은백색으로 빛나게 하는 햇살처럼 노년의 남편과 아내는 서로를 빛나게 하는 후광이 되어야 하지 않을까. 후광은 너그러움이며, 이해함이며, 서로 보듬어 안는 따스함이리라.

훗날, 남편의 머리칼이 서리가 내린 듯 희어졌을 때, 늘 철없는 아내이기만 한 나도 그의 은발이 아름다울 수 있도록 햇살이 될 수 있으면 좋으련만….

어디서 날아왔는지 벌 한 마리가 자꾸 달려든다. "벌도 이쁜 것은 알아가지고."라는 나의 말에, 우스갯소리라곤 할 줄 모르는 남편이 "벌이 사시인가 보다."라고 해서 우리는 모두 유쾌하게 웃었다.

산을 내려와 막걸리 한 사발을 놓고 앉은 우리를 향해 가이드는 돌아 갈 시간이 되었으니 어서 버스에 오르라고 한다.

가을날의 서정이, 인생의 가을을 걷고 있는 우리의 삶 속에서 이렇게 또 하루 흘러가고 있다.

태양 때문에

태양의 등등한 기세 아래 모든 것들이 숨을 죽이고 있는 8월 한낮. 발코니에서 내다보는 바깥 풍경이 그림 속처럼 무엇 하나 움직임이라곤 없다. 앞산의 검푸른 나뭇잎들도 시커멓게 그림자를 더하였을 뿐 흔들림이 없다. 무성한 잎들이 뿜어내는 기운으로 인해 앞산은 섬뜩한 느낌마저 든다. 숲 속 빈터의 토란잎들도 머리위에서 내리꽂히는 태양의 열기로 인해 항복한 병사들처럼 풀이 죽은 채 늘어져 있다. 칠년 땅 속의 기다림이 오직 이 한철을 위해서였다는 듯, 온힘을 다해 울어대는 매미소리만이 요란하다.

아파트 마당을 내려다보며 무의미한 숫자를 센다. 하나, 둘, 셋, 넷, 다섯, 여섯… 예닐곱 대의 차량만이 뜨거운 땡볕 아래 주차되어 있다. 2%가 아닌 20%의 수분이 부족한 듯 나는 헉, 숨이 막힌다.

이런 날이면 왜 「이방인」의 주인공 '뫼르소'가 떠오르는 걸까. 쏟아져 내리는 태양이 그의 머리를 지끈거리게 하던 날, 그는 피스톨을 힘 있게 그러쥐고 아랍인을 향해 방아쇠를 당겼다. '그것은 태양 때문이었다'는 그의 말을 외계어(外界語)처럼 아무도 알아듣지 못하는 세상에서 그는 단지 '이방인'일 뿐이다. 현실감이라곤 없는 자폐증환자 같은 뫼르소의 고독이, 일상의 권태가, 불가마 속 같이 찌는 이 여름날 내게로 전이되어온 듯 난 맥이 빠진다.

거실로 들어와 소파에 길게 눕는다. 블랙홀 속으로 빨려 들어가는 듯 몸이 가라앉는다. 눈을 감는다. 보봉호에서 춤을 추던 아가씨와 캄보디아의 여인이 떠오른다. 그들에게도 지금 태양이 내려쬐고 있을까.

몇 년 전의 여름, 중국의 장가계에 갔었다. 기념사진을 찍기 위해 잠시 포즈를 취하기조차 괴로운 폭염의 날씨였다. 보봉호에 갔다. 보봉호는 산 위에서 보면 산 속에 비취 알맹이가 있는 것처럼 보인다 하여 '비취호수'라 부르기도 한다는 호수다. 유람선을 타고 호수로 나아가니 물 위에 손바닥만한 작은 섬이 있다. 그곳의 조그만 무대에서 중국 소수민족의 하나인 토가족의 젊은이들이 노래를 부르고 민속춤을 추며 관광객을 맞고 있었다.

이글거리는 햇볕, 탁한 비취빛의 물, 주위를 에둘러싼 높은 산, 그 속에서 토가족 아가씨는 웃으며 춤을 추는데 그를 바라보는 난 가슴이 답답해졌다. 산 속에 그의 젊음이 갇혀있는 건 아닐까. 아침에 산 속으로 출근을 하여 저녁에 퇴근한다는 그에게 젊음은 무엇일까. 젊다는 것만으로도 늘 가슴이 터질 듯 숨이 막히지 않던가. 그의 젊음과 함께 마치 내가 깊은 산 속에 갇혀 있는 듯 가슴이 답답해지며 기운이 빠졌다. 난 그의 춤을 보지 않고 딴청을 부렸다.

캄보디아. 건기인 12월이었지만 자글자글 끓는 볕은 옷 속까지 파고들어 어깨가 따끔거렸다. 푸석푸석 마른 먼지가 이는 길을 아이들은 맨발인 채 '원 달러'를 외치며 관광객을 따라다니고 있었다.

유적지를 둘러보고 온 12월의 마지막 날, 머물고 있는 호텔측에서 관광객들에게 베풀어준 송년 파티는 밤새도록 이어졌다. 세계인들이 모여 함께 송구영신의 '카운트다운'을 세며 춤추고 노래하는 가든파티는 '원 달러'의 아이들과 아무 상관이 없는 캄보디아 속의 또 다른 세상이었다.

이튿날인 새해 첫날, 타임머신을 타고 원시시대로 들어가듯, 뜨거운 햇볕 속을 뚫고 흙먼지를 날리며 수상마을에 갔다. 인간의 삶이 땅 위에서만 가능한 것은 아니었다. 누런 황토 빛의 물위에서 황토 빛 같은 누런 삶이 있었다.

수상마을을 둘러본 뒤, 인공호수인 또 다른 호수로 우리는 배를 타고 나갔다. 호수라기보다 바다와 같았다. 푸른 물위에 섬이라고 부르기조차도 작은 섬이 하나 있었다. 가이드는 잠시 쉬라며 우리를 섬에 내려 주었다. 우리가 내리자 까만 피부의 비쩍 마른 서너 명의 현지 악사는 아리랑을 연주했고, 미리와 있던 아이들은 원 달러를 부르며 물건을 사달라고 내밀었다. 한쪽에는 음료가 담긴 아이스박스를 앞에 두고 앉아 있는 한 여인이 있었다.

몇 발짝 걸으면 끝인 작은 섬에서 우리가 할 수 있는 일이 무엇일까. 아이들을 위해 써달라고 가이드에게 몇 푼의 달러를 맡기고, 가방 속의 껌, 볼펜, 손거울과 머리빗까지 아이들에게 주었다. 한국의 낯선 여자에게서 그런 소품을 받던 순간을 그들은 훗날 어떤 마음으로 기억할까.

여인을 바라본다. 서른 살쯤 됐을까. 여인의 얼굴이 그지없이 순박하다. 햇볕이 내려쬐는 섬의 한 모퉁이에 무심한 듯 앉아 있는 저 여인에게 삶의 의미는 무엇일까. 삶은 실존을 넘어 생존이지 않을까. 그를 바라보고 있는데 왠지 기운이 빠진다. 하늘에는 햇솜을 부풀려 놓은 듯 흰 구름이 두둥실 떠있다. 하늘과 호수가 모두 하얗게 눈부시다. 배는 아직 우리를 데리러 오지 않고, 난 그늘 아래의 평상에 누워 눈을 감았다. 이렇게 기운이 빠지는 것은 저 태양 때문이야, 라고 생각하면서.

무엇이 나를 이렇게 무기력하게 하는 것일까. 허약한 육체 때문일까. 토가족 아가씨에게도 캄보디아의 여인에게도 소파에 누워 눈을 감고 지쳐있는 나에게도 지금 시간은 흘러가고 있는데…. 일어나야지, 일어나야지. 그러나 머릿속 생각과 달리 몸이 말을 듣지 않는다. 2% 부족할 때 마시라고 유혹하는 모회사의 이온음료를 마셔볼까. 그러나 나는 지금 20%의 수분이 부족한 듯하다. 저 태양 때문이다.

(2007. 8.)

하얀 전쟁의 나라

한 해가 끝나는 12월의 마지막 날, 하노이의 중심가에 있는 대우 호텔에서 눈을 떴다. 어젯밤, 자정이 다 되어 공항에 도착했던 관계로 곧장 호텔로 와서 잠이 들었었다.

커튼을 살짝 열고 창밖을 내다본다. 희붐히 밝아오는 도시는 이제 막 잠에서 깬 듯하다. 누군가 '무채색의 도시'라 했듯 눈에 보이는 건물들의 색상이 차분히 가라앉아 있다. 아래쪽과 위쪽에서 달려온 버스가 정류장에서 잠시 멈추었다 다시 제 갈 길로 달려갈 뿐 도시는 새벽안개 속에서 고요하다. 아직 잠들어 있는 남편을 보며 다시 커튼을 닫는다.

베트남, 늘 전쟁과 함께 떠오르던 나라. 그런데도 알 수 없는 것은 '머나먼 쏭바강', '메콩델타', '사이공'과 '다낭' 같은 단어들은 살벌한 느낌이 아닌 이국적인 뉘앙스를 지니고 아스라한 그리움처럼 다가와 나를 감상에 빠뜨리곤 했다.

초등학교 5학년 무렵이었다. 어느 날, 월남전에 참전한 오촌 아저씨로부터 편지가 왔다. 아버지와 사촌간이지만 친형제만큼 가까웠던 아저씨는 중사 계급의 직업 군인이었다. 나는 아버지보다 더 자주 아저씨께 편지를 썼다. 크리스마스 무렵 아저씨는 카드와 함께 사진 한 장을 보내 오셨다. 아저씨가 야자나무 아래서 월남인의 어느 가족과 함께 찍은 사진이었다. 사진 속엔 군복을 입고 철모를 쓴 채 총을 메고 있는 아저씨와 베트남 모자 농을 쓰고 아오자이를 입은 아가씨, 내 또래 남자 아이 그리고 그들의 어머니인 듯한 나이든 월남 여인이 있었다. 오래 전 아저씨는 세상을 뜨셨지만 그 흑백 사진은 40년이 가까워오는 지금도 내 앨범 속에 들어있다.

"비가 옵니다. 빨랫줄에 걸린 빨래도 울고 당신을 그리는 내 마음도 웁니다. 당신이 잠든 월남의 하늘아래도…." 그렇게 시작되었던 편지글이 픽션인지 논픽션인지 알 수 없다. 어느 잡지의 독자란에서 그 글을 읽었을 때 내 나이 스무 살 무렵이었다. 그 뒤, 비가 올 때면 그 편지의 첫 구절은 잊혀지지 않고 있다가 불쑥불쑥 떠오르곤 했다.

'열대의 정글을 누비는 젊은 군인. 그의 주머니 속엔 부적처럼 애인의 사진이 들어있다. 그러나 어느 날, 예고 없이 그의 전사 소식이 날아들고. 비할 데 없는 여자의 절망과 슬픔…, 당신이 잠든 월남의 하늘 아래도 지금 비가 오고 있나요….' 난 마치 내가 비련의 주인공이라도 되는 듯 상상 속에서 시나리오를 쓰곤 했다. 그때부터 전쟁이란 단어와 월남이란 나라는 내게 몽환적인 느낌으로 다가와 나를 감상에 빠뜨리곤 했다.

다시 창의 커튼을 열고 밖을 내다보았을 땐, 어디선가 몰려오기 시작한 오토바이들로 거리가 부산했다.

오토바이의 행렬은 장관이었다. SF영화에 나오는 까만 딱정벌레들처럼 우르르 몰려오고 몰려가는 오토바이들은 베트남의 또 다른 진풍경이었다. 시내의 오토바이 수(數)에 놀라고, 3000여 개나 되는 섬들이 물 위에 떠있는 '하롱베이'의 자연경관에 놀란 첫날, 저녁식사 후 호텔을 나와 산책을 나갔다.

밤에도 여전한 오토바이 소리를 빼면 불빛이 어둑한 거리는 한산했다. 군데군데 있는 꽃가게 앞에서 눈에 익은 꽃들을 구경도 하면서, 우리가 걸어서 간 곳은 호텔에서 멀리 내려다보이던 '뚜우레' 호수였다. 하노이는 무려 300여 개의 호수가 있어 '호수의 도시'라 불린다.

어두컴컴한 호숫가의 잔디밭과 벤치 위엔 쌍쌍의 젊은이들로 가득 차 있었다. 각자의 옆엔 자가용 격인 오토바이가 세워져 있다. 그들은 그곳에서 노골적인 애정 표현을 하고 있었다. 주변의 눈치 따위는 아랑곳 하지 않았다. 서울에서도 보지 못한, 미처 상상하지 못했던 풍경이었다. 우연히 젊은이들 속에 끼어든 중년의 남편과 난 민망스런 불청객이었다.

"우리나라와 달리 노래방, 찜질방, PC방, 그런 방들이 없으니 젊은이들이 갈 곳이 없기 때문일 거야." 발길을 돌리며 남편이 말했다. 하긴 청춘 남녀의 뜨거운 사랑이 사회주의국가라 하여 다르겠으며, 사람 사는 기본적 모습이야 어느 곳이나 같지 않겠는가. 베트남 전쟁을 두고 내가 감상에 빠졌던 것은 젊은이들의 아픈 사랑이야기 때문이 아니었던가. 호텔을 향하여 걸으며 '뚜우레' 호숫가의 젊은이들, 그들의 사랑이 다시는 사회와 연관되어 어떤 아픔도 겪게 되지 않기를 빌었다.

끝없는 전쟁의 역사로 이어진 나라 베트남. 32만여 명의 국군이 파병되었던 땅. 오천여 명 가까운 우리의 군인이 전사를 한 곳. '20C 최악의 전쟁'이라는 베트남전이 끝난 지 30여 년의 세월이 흐른 지금, 그들의 얼굴에 전쟁의 두려움은 없어 보였다. 나를 감상에 빠뜨리곤 했던 월남전은 이젠 전쟁기념관에서 관광 상품이 되어 내게 다가왔다.

베트남 사회주의공화국. 책과 예술작품을 통하여 내 나름의 상상만으로 떠올려보던 나라.

그러나 이제, "쏭바강은 알고 있다네. 내 더벅머리 소년의 얼굴을. 우리는 포성을 들으며 자랐네."라는 소설 속 구절도, 호암아트홀에서 눈물을 훔치게 했던 영화 「하얀 전쟁」 속의 밀림도 떠올리지 않을 것이며, 비가 와도 "당신이 잠든 월남의 하늘 아래도…"라는 글귀도 떠오르지 않을 것이다

이제는 상상과 감상이 아닌 눈으로 현실의 베트남을 떠올린다. 현실은 상상의 세계보다 아름답지 않다. 잠시 스쳐가는 이방인인 내게 표면적으로 보이는 평화로운 모습과 달리 아직도 자국민은 상처를 안고 있을 것이다.

인간적 삶의 질(質)을 생각게 하는 남루한 '옛거리'의 모습과 하롱베이의 쪽배 위에서, 자꾸 구걸의 손을 내미는 가난한 모녀의 삶이 있는 곳.

유혈과 파괴를 부른 전쟁은 과연 유용한 것이었을까. 전쟁이란 무

엇인가. 신념의 대립, 문화의 대립, 종교와 이데올로기의 대립 등, 다양한 분쟁의 원인들. 그러나 근원은 서로의 이익을 위한 인간의 이기심과 욕심 때문이 아닌가. 우리의 젊은이들이 파병되어 있는 이라크, 그곳의 전쟁은 또 누구를 위한 싸움일까.

천혜의 자연을 가지고도 오랜 전쟁의 후유증인 가난으로부터 벗어나지 못하고 있는 나라 베트남. 그곳은 지금 또 다른 전쟁, 경제(經濟) 전쟁이 진행 중이다.

(수필과 비평 2005. 5·6월)

가을 편지

산에 다녀왔습니다.

선생님, 산 밑으로 이사 오길 참 잘했다는 생각을 했습니다. 그렇지 않았다면 게으른 제가 이렇게 산을 오르내리기 쉽지 않았을 것입니다. 올 봄, 병원에서 "하루 30분 이상 꼭 운동 하세요"라는 의사의 권유를 받았습니다. 그 뒤, 집 뒤에 있는 큰 산과 연결된 야산을 한 시간 가량 돌아오곤 한답니다.

지난번엔 저녁때가 되어서 산에 올라갔지요. 조금 늦었다 싶어 서둘러 내려오는데 옆에서 무엇이 '반짝'했습니다. 무엇일까? 뒷걸음질 쳤지요. 저녁 햇살을 받은 한 가닥 거미줄이었습니다. 여유를 가지면 많은 아름다운 것들을 만날 수 있는데 늘 서두르고 있다는 생각이 들었습니다. 발걸음을 멈추고 산등성이로 넘어가고 있는 해를 바라보았습니다. 여름날의 열기가 수그러진 가을 해는 마주하기가 한결 편안했습니다. 문득 누군가가 그리워 주머니 속 전화기를 만지작거렸습니다.

처음엔 운동을 해야 한다는 생각만으로 땀을 내며 오르내리던 산길을 이제는 산책하는 기분으로 즐기고 있답니다. 선생님, 산 속은 사람을 끌어들이는 묘한 매력이 있습니다. 며칠이 지나면 산 속이 자꾸 궁금해집니다. 그 곳엔 생명들이 있으니까요.

제비꽃, 산기슭을 노랗게 물들이는 애기똥풀, 하얀 개망초, 빨간 뱀딸기가 차례로 사라지고 나면 어느 날 물봉선화가 나타나고 달맞이꽃과 참싸리꽃이 마치 이어달리기하듯 피어난답니다. 보잘것없는 분홍색 여뀌도 무리 지어피어 있으니 아름다웠습니다. 작은 것들은 한데 뭉쳐야 눈길을 받을 수 있다는 것을, 그래야 벌과 나비를 불러 모으기 수월하다는 것을 그것들도 알고 있는 듯 합니다. 오늘은 어느새 보라색 꽃술이 져버린 꽃향유의 초록 잎들이 검붉게 물들어 있었습니다.

혼자 산을 오르는 사람들도 있지만 대부분 둘씩, 셋씩, 또는 여럿이 모여서 오갑니다. 오늘은 뒤따라오는 여자들의 이야기 소리가 들렸습니다. "옆집 여자가 나와 동갑이잖아. 그 여자가 아기를 낳았어." 그리곤 "깔깔깔" "하하하" 크게 웃었습니다. 삼십대 후반쯤으로 보이는 그들의 평범한 대화와 웃음소리가 건강하게 들렸습니다. 그들을 보며 어디서나 늘 혼자인 내 자신을 들여다보았습니다. 무엇이 사람들과의 섞임에서 자꾸 멀어지게 할까요. 친구가 열심히 들려주는 부동산 이야기도, 솜씨 좋은 음식점 이야기도, 왜 제 머릿속으로는 들어오지 못하는 걸까요. 늘 읽어야 할 책들이 밀려 있다는 것과 글을 쓰지 못 하고 있다는 것에 대한 초조함이 제게 다른 무엇을 받아들일 마음의 여유를 사라지게 하는 것 같습니다. 그나마 이젠 혼자만의 편안함과 자유로움에 길들어져 사람들과의 어울림이 점점 힘들어지는 건 아닌지 모르겠습니다.

산책하기를 즐겼던 장 자크 루소는 그의 저서 『고백론』에서 이렇게 말했더군요. "누가 내게 마차의 빈자리를 권하거나 길을 가던 사람이 가까이 올 때면 나는 걸으면서 이룩해온 재산이 와르르 무너지는 것 같아 눈살을 찌푸린다."라고. 고독했으나 위대한 사상가인 그에겐 그런 혼자 걷는 사색의 시간이 절대적으로 필요했었겠지요. 그러나 아무 것도 아닌 제가 그 말에 공감한다는 건 우습지요, 선생님. 그런데 꽃과 풀과 바람과 나 자신과 대화하지 않고 사람들과 어울려 산길을 다녔다면 아마 지금처럼 평온한 마음 상태를 얻어내지 못했을 것입니다.

선생님, 이즈음 산은 자꾸 비워 내면서도 한없이 아름다워지고 있습니다. 여름내 무성했던 생명들이 사라져 가고 그 틈 사이로 드러나는 빈 공간이 얼마나 아름다운지요. 비바람을 견뎌내고 해충과 천적을 견디며 푸른 생명을 지켜온 것들이 자연의 질서에 순응함으로 만들어내는 아름다운 연출입니다.

울창한 수풀에 가려 보이지 않던 오솔길도 모습을 드러냈습니다. 그동안 믿고 가만히 기다렸을까요. 때가 되면 다시 자신의 존재가 드러나리라는 것을. 가려졌던 공간들이 눈앞에 나타나면 왠지 마음이 편안해집니다.

누군가 부르는 노랫소리가 들렸습니다. 붉은 단풍과 성긴 나뭇가지 사이로 훤하게 보이는 푸른 하늘, 투명한 햇살과 바람이 그를 노래하게 했을 것입니다. 저도 작은 소리로 노래를 흥얼거렸습니다.

이제 제 삶도 떨어내야 하는 계절로 들어섰습니다. 올 봄, '노화현상'이라는 신체적 변화 앞에서 저는 당황했지요. 젊음도 삶도 영원할 것처럼 무방비 상태로 있다가 한 방 맞은 꼴이었습니다. 꿈, 사랑, 열정, 신선함, 그런 매력적인 단어들이 우수수 떨어져나가는 느낌이었습니다.

요즈음 마음이 고요합니다. '무엇이 나의 삶을 아름답게 할 것인가'의 해답을 가을 산이 반은 가르쳐주고 있습니다.

선생님, 가을이 깊어가고 있습니다.

(수필과 비평 2004. 1·2월)

제4부

창작의 방

저자가 미처 완성하지 못한 작품이다.
작품의 완성도가 떨어지나 보석의 원석이라는 느낌으로
써놓은 그대로 엮었다. –편집자

삶

한 여자가 있지요. 좀 특이한 인자(因子)를 가지고 태어나서, 그 여자의 가슴속엔 겉보기와는 전혀 다른 무엇이 들어있습니다. 그 여자의 웃음은 위선이지요. 무엇에서도 진정한 즐거움을 찾아내지 못하는 불감증이 있는 사람입니다. 그래서 늘 혼자 우는 여자지요. 어쩌면 그 여자 속에 들어있는 그 특이한 인자가 그 여자를 영원히 유아로 머물게 하나 봅니다. 그것은 불치병으로써, 그녀는 성장이 멈춘 미숙아이며 정신의 불구자인 셈이지요. 그러니 어떡해요.

스스로의 힘으로 어찌해 볼 수 없는, 그 여자의, 저주 받은, 타고난 성격이며, 운명 같은 것임을요. 그러니 평생 신경성 위장병을 앓으며 참 슬프게 살아갈 것입니다. 가여운 여자지요.

삶이란 내가 살고자 하여 살아지는 것이 아니라, 보이지 않는 어느 힘에 이끌려 살아간다는 것을, 저는 믿습니다. 내 의지와 상관없이 전혀 예상치 못한 만남과 이별이 존재하고, 내 바람과 상관없는 일들이 일어나고 사라지는 것을 보면서, 스스로의 힘이란 얼마나 미약한 것인지를 깨닫게 되지 않던가요.

그러기에 내일을 계획한다는 것조차도 얼마나 어리석은지. 제가 지금 이런 편지를 쓰게 되리라곤, 지난 가을엔 전혀 예상치 못했었지요. 불과 지난 가을엔 말이에요…. 나름대로 훗날에 대한 꿈을 꾸고 있었지요. 어느 분과 함께 썩 괜찮은 친구가 되어 나이 들어가는 꿈을. (민망…) 그렇게 미리 꿈을 꾼다는 것이 얼마나 부끄럽고 어리석은 일인가요. 이젠 아무 것도 계획을 세우려 하지 않습니다.

자신의 생각 또한 수시로 바뀌기도 하지요. 요즘엔 인간이기에 삶이 거룩할 수 있다는 생각이 들어요. 오직 인간만이 숭고한 삶을 살 수 있는 게 아닐까, 라는 당연한 생각을 합니다.

그러기 위해선 참아야 할 고통, 포기해야 할 것들이 있다는 것을. '포기'란 단어가 왜 새삼 이리 눈물겨울까요. 위로를 하자면, 인간의 욕망이란 끝이 없는 무한대와 같아서, 존재하는 누구나가 포기해야 할 것들이 있다고 스스로 위로하지요. 그게 삶이라고.

그러면서도 내 인생에서 그 포기했다고 한 것들이 때때로, 울컥 가슴을 치기도 하면서, 그러면서 살아가는 것이 삶이 아닐까, 그래서 살아있는 모든 것들은 고통을 넘어 구도자의 길을 가는 것이라고…. 그러다 보면 한 평생이 바람처럼 지나가리라고….

욕망과 꿈이 사라진 삶은, 고요하다고만 하기엔 좀 서글프기도 하지요. 삶의 희망이 사라진 듯한 느낌도 들어요. 삶의 재미가 사라진 삶이 존재할 가치가 있을까도 싶지만, 그렇다고 죽어요. 이젠, 살고 싶지 않다는 말 따위, 함부로 하지 않을 거예요. 얼마나 철없고 사치한 말이었는지요. 책임감 없는 말이었지요. 지금 내가 선 위치에서 해야 할 일들, 책임과 의무를 이제야 깨달아요. 참 철이 늦게 드는 분명 저능아지요.

삶에서 일어나는 모든 일들이, 크게 웃어야 할 것도, 크게 울어야 할 것도 없다는 것을, 조금씩 깨닫고 있어요. 모든 것들이 먼지와 같다고… 나에게만 일어나는 일들도 없고, 남에게만 있는 일들도 없고, 평생이 순탄하기만한 사람도 없고, 평생이 불행하기만한 사람도 없고, 그것이 사람 사는 일임을….

그런데, 삶에서 웃음도 사라지고, 울음도 사라지면 무엇이 남을까요. 드디어 깊은 고요가 찾아오게 되는 것일까요. 고요와 함께 무엇이 오지요. 드디어 평상심에 이르게 되는 것인가요. 그것이 인간 삶의 궁극에 이르는 것인가요.

단지, 인간으로 태어난 이상, 내 자리에서 내 책임과 의무를 다하려 노력해야 하는 것, 그것이 인간에게 주어진 벗어날 수 없는 운명이라는 생각이… 그러면서도 가끔 주룩 눈물이 흐를 때면, 얼른 닦아 내지요.

(2006. 10.)

강물처럼 흐르리

강은, 인생의 중년이다.

겨우내 강물이 보고 싶었다. 너른 품새를 지니고 유유히 흘러가는 강물 앞에 서 있고 싶었다. 몸속의 어느 영양소가 부족하면 스스로 그것에 대한 식욕이 인다고 하듯, 내 안의 무엇이 강물에 대한 갈증을 일으킨 것일까.

봄이 오는 길목, 늘어진 버들나무 가지에 푸른 기운이 잔뜩 묻어 있다. 멀리 다리 위로 차들이 오가고, 물오리 서너 마리 동동 떠다니며 놀고 있는 강가, 내가 서 있는 이곳은 양수리의 어디쯤일까?

강은, 삶의 희로애락을 알기에 이제 여유롭고 초연한 표정을 짓고 있는 나이, 인생의 중년(中年) 같다. 이곳을 흐르고 있는 저 강물도 저렇듯 고요히 흘러가게 되기까지 속 깊이 얼마나 많은 것들을 가라앉혀야 했을까. 깊고 넉넉한 표정이 되기까지 얼마나 많은 계곡들을 에돌아 부딪고 부셔져 내리며 흘러왔을까.

이 강물도 발원지인 강원도의 어느 산골짝을 흐를 땐 어린 철부지 같았으리라. 처음 바깥바람 맛을 알아버린 어린아이가 자꾸 밖으로 나가고만 싶어하듯, 두려움도 겁도 없이 물길을 따라 급히 흐르기만 했다. 마치 미끄럼을 타듯 경사진 계곡을 흐르는 것이 재미있기만 했다. 큰 바위와 작은 돌멩이에 부딪치는 것도 신나는 일이어서 깔깔깔 웃었다.

미움과 질투, 분노, 겨우내 나를 괴롭히던 상실감과 우울. 내 안에 흐르는 강물로 거르고 가라앉히며 고요히 흘러가리라. 자정과 치유를 함께 할 수 있는, 내 가슴속에 고요히 강물 한 줄기 흐르게 하리라. 바다에 이르기 전 고요한 강물이 되어 흘러야 하리라. 이곳, 양수리의 어디쯤에서 흐르는 강물을 바라보며 나 장승처럼 오래 서 있다.

엄마와 양산

울 엄마, 단양중학교 제 1회 졸업생이다. 울 아버지는 단양공고 2회 졸업생이다. 그때는 단양군에 여자가 다니는 고등학교가 없어서 여학생이 고등학교에 가려면 충주로 가야했다. 외삼촌들은 충주고등학교, 또 서울에서 대학을 다니셨지만 외가에서는 여자인 엄마를 고등학교에 보내지 않았다.

엄마, 아버지는 학교 동창이므로 학창시절 이야기가 서로 잘 통한다.

난 어렸을 때 엄마, 아버지가 학창시절 이야기를 하는 것을 옆에서 듣는 것이 늘 재미있었다.

그 시절 흰 교복을 입고 찍은 엄마의 모습은 얼마나 청순하고 예쁜지. 이제 세월이 흘러 그 소녀가 74세의 늙고 볼품없는 촌 할머니가 되었다.

얼마 전, 아버지와 엄마는 난생 처음 외국여행으로, 동네 분들과 일본 벳부에 다녀오셨다.

"엄마, 무거우니까 우산은 넣지 말고, 양산만 가져가. 비 오면 그냥 양산 써."

"난 우산도 넣으려고 했다. 야야, 양산은 아까워서…."

난 소리를 꽥 질렀다.

"엄마, 아깝기는 그깟 양산이 뭐가 아까워."

올봄, 서울의 병원에 오신 엄마를 하루 묵어가시라고 했다.

그때 백화점엘 들렀더니 양산을 세일하고 있었다.

"양산 사드릴까." 엄마는 얼굴이 환해졌다. 10년 전 아버지가 사 주신 양산이 그렇잖아도 고장이 났다고 했다. 분홍 양산은 이만 원이었다.

엄마는 양산이 가볍고 아주 맘에 든다고 좋아 하셨다.

난 왜 내 양산은 두 개씩 사대면서 엄마 양산은 생각 못 했을까.

그때 산 양산을 엄마는 아까워서 비올 때 쓰면 안 된다고 하셨다.

"엄마 그깟 양산 또 사면 되지, 아끼지 말고 막 써. 내가 얼마든지 사줄게."

'엄마는 그 나이에 아낄 게 뭐있다고…' 중얼거렸다.

지난 토요일 나는 전화를 끊고 곧장 단양으로 달려갔다. 엄마가 편찮으시다고 했다.

우리 엄마는 늙지도 않고 죽지도 않는 줄 알았다. 근데 생각해 보니 울엄마가 74세가 된 것이다.

"언니, 우리가 일 년에 두어 번, 명절 때나 엄마를 보면 이제 몇 번이나 엄마를 더 보겠어. 많아야 열 번밖에 더 보겠어. 너무 허무하지 않어." 여동생의 전화는 가슴을 때렸다.

시부모님이 계실 때야, 친정 부모님을 챙긴다는 것이 괜히 좀 그렇고, 그래서 쉽지가 않았다. 그저 엄마가 보내주는 반찬이나 받아먹고, 엄마가 쥐어주는 돈까지 받아썼다. 그러다 올봄, 시어머님이 돌아가시자, 친정 부모님도 이젠 연세가 많다는 생각이 화들짝 들었다.

난 이제 울 엄마에게만 신경을 쓰리라 생각하고, 봄부터 구두도 사 나르고 옷도 부지런히 사서 부쳐 드렸다. 그런데, 그러나… 울 엄마도 이미 연세가 너무 많다. 어쩌랴.

오늘도 엄마에게 전화를 했다.

"엄마, 먹고 싶은 거 제발 마음껏 사드세요. 엄마가 아프면 자식들이 고생한다는 생각을 해야지…" 먹고 싶은 게 아무것도 없다는 엄마에게 몇 번이고 다짐시키듯 말했다.

울 엄마, 쥐면 꺼질까, 불면 날아갈까, 우리 사 남매를 키우셨다. 어쩌다 우리 집에 오시면 늦잠 많은 내가 깰까봐 소리 나지 않게 아침밥을 지어 놓으셨고, 손주들에게는 늘 "네 엄마가 속상해 할 일은 하지 마라."고 이르셨다.

이제야, 나는 몸이 단다. '효도하려 해도 기다려 주지 않는다'는 옛말에 이제 나는 몸이 단다. …'유자를 품어가 반길 이' 없으면 어쩌나…. 엄마, 내 엄마 제발 건강하게 오래 사시라.

김민정

"다르르르 다르르르르…."

대학 일학년인 딸아이가 재봉 일을 하고 있다. 며칠 전부터 재봉틀은 아예 제방으로 옮겨다 놓았다. 딸아이는 유행 지난 통바지를 드르르 박아 제멋대로 통이 좁은 바지를 만들기도 하고, 윗도리는 옆 품을 줄이기도 하고 주머니 위치를 바꿔 달기도 한다. 처음엔 몇 번 실패를 하는 듯하더니 요즘엔 제 손으로 수선한 옷을 떡하니 입고 나선다. 오늘은 오래된 체크무늬의 반바지를 뜯어 바지 위에 모양으로 덧입는 치마를 만들었다. 전 같으면 잔소리를 했으련만 모르는 척 하려다 "잘 만들었네."라고 한 마디를 했다.

어머니는 가끔 재봉틀을 돌리셨다. 옷감을 펼쳐놓고 본을 떠서 내 멜빵스커트를 지으시기도 하고 아버지의 속바지를 만들기도 하셨다. 나도 결혼 후 재봉틀을 샀다. 발틀이 아닌 전기 재봉틀이다. 배워본 적은 없지만, 요량으로 간단한 옷 수선도 하고 커튼도 만들고 인테리어 소품들도 만들어 쓴다. 딸아이 또한 가르쳐준 적이 없는데 재봉틀을 꺼내 제 마음대로 바느질을 한다. 모녀 삼 대를 생각하며 혼자서 웃는다.

난 가끔 옆에서 발판을 밟아보겠다고 조르기도 했다.

"나 오늘 거꾸로 자야지" 옆에 앉은 딸아이가 하는 말이다. 미처 말귀를 못 알아듣고 무슨 소리냐고 묻는 나에게, 방도 싫고 늘 같은 방향으로 자는 것이 지겹다는 얘기였다. "방도 싫고"라는 아이의 말 속에 아직도 무엇에 대한 그리움이 있는지 나는 안다.

아이가 고등학교에 입학하던 해 지금의 집으로 이사를 했다. 멀지 않는 동네이며 더 넓은 새 집으로 이사를 간데도 아이들은 싫어했다. 전에 살던 아파트에서 딸아이는 유치원을 다니기 시작하여 십 년 남짓 살았으니 새집을 원하는 건 어른들의 마음일 뿐이며 아이들은 극구 이사를 가지 말자고 졸랐다.

새로 옮긴 딸아이의 방은 창밖으로 산이 보이고 커다란 베란다 유리창을 통해 종일 햇빛이 환하게 들어오며 전의 방보다 더 넓고 크다. 그런데도 아이는 한동안 새 집에 정을 주지 않고 옛집을 그리워하는 듯 했다. 이사 후 삼 년이란 시간이 흘렀건만 오늘 문득 나온 '방도 싫고'란 말을 들으며 사람의 정이란 게 얼마나 아이의 마음 깊은 곳엔 아직~~

딸아이는 애기 때부터 유독 예민했다. 늘 먹는 우유가 다른 것으로 바뀐다든가 새로운 것을 조금만 첨가해도 금방 우유병을 밀어내고 먹지 않았다. 자신의 베개와 이불이 아니면 잠을 자지 않았고

포전여전

"나 밥 안 먹어. 시간 없어."

거울 앞에 서 있는 대학 일학년 딸아이가 하는 말이다. 첫 시간 강의가 이른 시간인 월요일 아침, 조금 늦게 일어난 아이는 아침을 먹을 시간이 없으니 굶고 학교를 가겠다는 얘기다. '거울 덜 보고 밥 먹겠다'라고 하려다 꾹 참고 만다. 얼른 밥 한 술을 비벼서 아이 방으로 들고 갔다. 아이가 옷을 입는 사이 한 술 떠 입속으로 넣고 거울 보는 사이 또 한 술을 떠 입속으로 넣어 준다.

오래 전, 다 큰 처녀인 내게 어머니는 신발 끈 묶는 사이에도 밥숟

가락을 떠 입에 넣어주시지 않았던가. 그때 나는 지금의 딸아이처럼 짜증을 내었을 뿐 부모의 마음에 대해선 생각해 본 적이 없다. 아이 방을 나서며, 저 아이 또한 훗날 제 자식 입안에 한 숟가락이라도 더 밥을 떠 넣으려고 할 때가 되어서야 오늘의 어미 마음을 헤아릴 것이란 생각을 한다.

오래된 청바지를 제 손으로 수선하더니, 통이 좁아진 청바지에 구슬이 촘촘히 달린 굽이 납작한 흰색 구두를 신고, 다녀오겠다며 문을 나서는 딸아이의 표정이 밝다.

베란다 창문을 열며 걸어가는 딸아이의 뒷모습을 내려다본다. 저 여린 아이와 난 왜 그리도 갈등이 많았을까.

아이가 처음 초등학교에 입학했을 때, 아이의 발걸음은 얼마나 경쾌했던가. 머리채를 찰랑이며 걸어가는 모습이 보기 좋아 나는 아침마다 아이의 뒷모습이 보이지 않을 때까지 베란다로 목을 빼고 내려다보곤 했었다.

어린 딸애는 욕심쟁이였다. 오늘도 선생님의 칭찬과 귀염을 독차지할 것이란 확신으로 등굣길이면 아이의 걸음걸이는 늘 자신감으로 가득 차 있었다. 글씨는 반듯반듯했으며 뽑아 쓴 크레용은 순서가 바뀌면 안 되는 아이였고, 주변의 모든 것들이 흐트러짐 없이 반듯해야만 정서적으로 안정감을 느끼는 아이였다. 언제나 자신이 주변의 시선과 사랑을 받아야 만족했다.

"엄마 이리 좀 와 보세요. 너무 아름다워요."

비가 개인 날, 산허리를 감고 있는 안개를 보고 제 방 창가에서 아이는 탄성을 질렀다. "너무너무 아름답지요."

"다른 친구들은 왜 비 냄새를 모를까? 비가 무슨 냄새가 나느냐고 나 보고 이상하데. 나는 비 오는 날이면 분명 비 냄새가 나는데."

그러던 딸아이가 고학년이 되어 힙합바지를 끌고 다닐 때, 난 이제 아이들로부터 벗어나도 되겠다는 생각에 뒤늦게 대학 공부를 시작했다. 그러나 그때부터 아이는 사춘기의 시작이었다. 자신이 남보다 월등하여 인정받길 좋아했던 아이는 중학생이 되며 점점 그것이 욕심대로 되지 않았을 때 좌절했다. 그런 아이를 보듬기보다 난 늘 내 욕심과 내 눈높이로 아이에게 잔소리를 했다. 그리고 내 공부가 바빴다.

인지능력보다 기능능력이 월등한 아이. 어려서부터 달리기는 늘 일등이었고 음악적 소질과 미술 솜씨 또한 뛰어났다. 그러나 국, 영, 수 과목만이 학점 성적의 전부인 듯한 학교에서 아이 담임으로부터 호출까지 당해야 했다. 나는 점점 딸아이와의 갈등이 깊어져 갔다. 나는 아이가 교복스커트 폭을 줄여 입고 다니는 것부터 모든 행동 하나하나가 다 불만이었고, 어두워가는 아이의 얼굴만큼 집안 공기도 가라앉아갔다.

화분의 화초 한 송이도 소홀하면 시들어 버리고 말지 않던가. 적당한 햇빛과 알맞은 물주기와 적당한 관심이 있어야 꽃을 피우지 않던가. 한 생명을 기른다는 것이 어디 쉬운 일이며, 자식이 부모의 욕심대로 되는 것이라면 인간은 너무 교만해지지 않을까.

마음을 닫아버린 아이와의 갈등이 극에 달하고 오랜 시간이 흐른 뒤에야 나는 내 안의 욕심으로 아이를 힘들게 하고 있음을 깨달았다. 어머니의 힘은 아이를 몰아세우는 것이 아니라 아이의 잘못까지도 보듬어 안아 다시 힘을 얻게 하는 것이란 걸.

아이를 지금의 모습 그대로 인정하고 내 안에 있는 욕심을 버렸을 때, 아이와 나는 조금씩 편안해지기 시작했다.

스무 살, 그림을 전공하는 대학 일학년 딸아이는 요즘 재봉틀을 제 방에다 가져다놓고 있다. 오래된 청바지를 잘라 반바지를 만들기도 하고, 윗도리는 제게 맞게 품을 줄이고 주머니 위치를 변경시키기도 한다. 어제는 지난 해 입던 체크무늬 반바지를 뜯어 쫄바지 위에 걸쳐 입는 짧은 치마를 만들었다. 솜씨와 아이디어가 그럴 듯하다.

내가 설거지하는 옆에서 '그렇게 수돗물을 흘려보내면 어떻게 하느냐'고 잔소리를 하는 아이는 초등학교 3학년 때부터 쓰지 시작한 용돈 기입장을 지금껏 십 년째 꼬박꼬박 쓰고 있다.

이제야 아이가 지닌 색깔대로 아이를 인정한다.

인생살이에도 연습이 있었으면 좋겠다. 부모 연습. 자식 연습. 부부 연습. 그렇담 나는 좀 더 나은 부모가 될 수 있었을 텐데.

모퉁이를 돌아간 딸아이의 모습은 보이지 않는다.

'오늘도 저 아이의 몸과 마음을 건강하게 하시고, 배움이 즐겁게 하시고, 지혜롭게 하소서.'

이미 보이지 않는 아이의 등뒤에 대고 중얼거린 후 나는 베란다 창 앞에서 돌아서고 있다.

내 아들, 김 이병

대한민국 육군 이병 내 아들.

아침에 일어나니 밤새 하얗게 눈이 내렸더구나. 베란다에서 내다보는 산자락의 풍경이 얼마나 아름다운지 너도 알지. 눈 내린 날이면 엄마가 말하는 '카드 속 풍경' 말이야. 너 입대하고 두 번째 내린 눈이네.

그러나 이젠 눈 내린 날의 감상보다 아들 생각이 먼저 나니 어쩌니. 창밖을 내다보며 '우리 아들, 간밤에 눈 치우느라 잠도 못 잔 것 아니야' 하는 생각이 불쑥 들었단다.

아들아, 5주간의 훈련을 마치고 자대배치를 받은 너를 면회 다녀온 지 일주일이 지났구나. 군복을 입고 처음 외출하는 너는 거리를 거닐며 약간 쑥스러워 했지만, 건장한 체격에 군복을 입은 네 모습이 보기 좋기만 하더라. 그랬었지. 엄마는 옛날 군부대에 오빠나 애인을 면회 가는 친구가 부러웠다고. 그랬는데 대한민국의 이등병이 된 아들 덕에 난생처음 군부대 면회라는 걸 가보게 됐으니 엄마가 얼마나 가슴이 설레었겠니. 이 대목에서 '으이그, 우리 철부지 엄마' 라면서 웃는 너의 웃음소리가 들리는 것 같다.

아들, 너로 인해 엄마는 약한 여자에서 강한 어머니로 거듭 날 수 있었다. 내 삶에서 내가 맡은 어머니로서의 책임과 의무는 내가 한 인간으로서의 존재 이유가 되기도 한다. 그러나 난 어미로서 부족하여 늘 시행착오를 많이도 했지. 너의 의사와 상관없이 나의 욕심으로 인해 네가 받았던 상처들, 아들에 대해 사랑이라는 이름으로 과욕을 부리기보다 엄만 좀 더 이성적이어야 했는데. 돌이켜보면 부끄럽고 미안한 일들이 참 많구나.

난 네가 좀 더 강한 아들이길 바랐단다. 생텍쥐페리의 「어린왕자」를 이야기하는 몽상가의 기질을 지니기보단, 현실감각이 뛰어나길 바랐다. 그것은 내가 지니지 못한 것을 네가 지니기 원했기 때문이었어. 그러나 유전인자는 속일 수가 없더구나. 학교에 갈 시간이 되면 늘 배가 아프다고 하던 너는 강함보단 참 순한 기질을 타고 난 아들이지. 너의 착하고 여린 기질을 걱정하는 내게, 네 아빠는 강한 것만이 좋은 것은 아니라고 말씀하신다. 그래, 엄마도 물론 그 말에 공감을 하지. 단지 네가 세상을 살아갈 때에 예기치 않게 일어나는 어떤 변수 앞에서도 이겨낼 수 있는 끈기를 지닌 아들이 되기를 바랄 뿐이다.

"훈련도 재미있다고 생각하면 재미있지 않아? 군대가 아니면 어디에서 그런 경험을 하겠어."라는 나의 말에 너는 "알아요."라고 말했지. 그러나 아들아, 젊은 시절은 젊은 대로 '투구를 쓴 것처럼' 늘 머리가 무겁다는 것을 낸들 왜 모르겠니. 그렇게 방황과 갈등을 겪으며 우리의 삶은 성장해 가고 어느 시점에 이르러 갈등도 조금씩 편안해지는 것 같더라. 엄마는 네가 언제나 긍정적 사고를 할 줄 아는 힘을 기르길 바란다.

지난 면회 때 불우한 환경에서 자란 동료들이 많은데 놀랐다는 너의 말, 그리고 모든 것에 감사하다는 생각이 들었다는 너의 말처럼, 우리 항상 감사하는 마음을 가지고 생활하자.

아들아, 군(軍)생활이 너의 몸과 마음을 단련하는 좋은 계기가 되리라 믿는다. 선임병들과 잘 지내고, 맡은 일은 열심히 하여라.

몸도 마음도 튼튼하고 강건한 아들이 되어서 돌아오기를. 늘 너를 위해 기도한다.

대한민국의 육군 이등병, 내 아들 파이팅, 파이팅.

김 이병과 철부지 엄마

지난 달, 아들이 군(軍) 입대를 했다. '하필 추운 겨울에 군대를 가느냐'고 주위분들이 걱정했지만, 더위를 많이 타는 아들은 '여름보다 낫다'고 말했다. 지난 주, 아들은 어느새 5주간의 훈련을 마치고 경기도 일산에 위치한 부대로 배치를 받았다.

아들을 만나기 위해 첫 면회를 오며 마음이 설렌다. 결혼 전, 군부대에 오빠나 애인을 면회 간다는 친구가 부러웠던 적이 있다. 가까운 사람과 헤어져 안타까워하는 그들의 심정과 상관없이, '군인'이라는 단어와 '면회'라는 단어가 내게는 설렘과 호기심을 주곤 했다. 그런 내가 어느새 대한민국 육군 이병의 아들을 면회하는 엄마가 되었다.

"재미있다고 생각하면 훈련도 재미있는 것 아니야. 일생에 지금이 아니면 언제 또 이런 경험을 해 보겠냐?"

"엄마, 그땐 정말 배가 아프다는 생각을 하면, 안 아팠던 배가 갑자기 아파졌거든."

어렸을 적, 학교 갈 시간이 되면 배가 아프다고 징징대던 아들이 별 탈 없이 자라서 웃으며~~

입대 후, 처음 군복을 입고 외출을 한 아들은 일반인들 속에서 거리를 거닐며 자신의 복장이 아직은 어색한가보다. 약간 쑥스러워 한다.

첫 외출을 한 아들은 일반인들 속에서 혼자 군복을 입고 거니는 쑥스러운 듯.

이등병의 엄마

아파트 뒤, 북한산으로 오르는 길 언덕에 군인들이 머물고 있는 진지가 있다. 북한산 보호를 위해 쳐 놓은 2미터 정도 높이의 펜스 울타리에 덧대어 사방으로 두 겹의 철망을 쳐 놓은 군부대를 보며 "왜 여기에 부대가 다 있을까?"라고 했더니, 유사시 서울 시내 수호를 위해 구축해 놓은 진지인데 아마 몇 안 되는 적은 인원이 파병근무를 나와 있을 것이라고 남편이 말했다. 그러고 보니 언덕 위에 있는 붉은 벽돌 건물엔 '○○진지'라고 쓰여 있었다.

나는 산길을 오갈 때마다 철조망 안을 바라본다. 철조망 울타리 근처에 묶여있는 개에게 밥을 주고 돌아가는 군인의 모습이 가끔 보일 뿐, 부대 안은 늘 조용하다.

한 번은 어린 병사 둘이 울타리 근처에서 무엇인가를 하고 있는 모습이 보였다. 나는 얼른 그들에게 다가가 말을 걸었다. "우리 아들도 지난달에 군 입대를 했어요." 그리곤 우리 아들은 이번 주에 행군을 할 것이라는 이야기와 워커를 신으면 발이 무겁지 않느냐, 춥지는 않느냐는 등, 수다를 떨었다.

지난 토요일엔 인터넷 수필에 보낼 꽃다지 꽃을 찍기 위해 디지털 카메라를 들고 부대 앞에서 서성거렸다. 부대 안의 바닥을 온통 노랗게 덮고 있는 것이 꽃다지 꽃인 듯싶었다. 철조망 밖에서 서성대는 내 모습을 보고, 멀리에서 보초를 서고 있던 한 병사가 손을 흔들었다. 산 벚꽃이 흐드러진 산 속, 철모를 쓰고 초소 안에 갇혀있는 젊음이 얼마나 무료했을까. 내가 아무런 반응이 없자 그는 무안한 듯 뒤통수를 보이며 돌아섰다. 그 행동이 귀엽다.

"다른 병사는 없나요" 멀리에서 소리치는 내가 이상해 보였는지 보초를 서고 있던 병사 중 한 명이 총을 든 채 철조망 근처로 내려왔다. 작대기가 네 개나 되는 병장이었다. 바닥 가득 노란 저 꽃들을 몇 장 찍어 줄 수 없겠냐고 부탁을 했다.

카메라를 넘겨받으며 난, 원래 부대에서 사진을 못 찍게 되어 있는 것을 안다고 자랑처럼 말한 뒤, "우리 아들은 이등병이에요. 집이 어딘데 이렇게 서울 시내에서 근무를 해요, 어머나, 우리 아들도 그 동네서 태어났는데, 나이가 몇 살이에요?" 나는 그가 아들과 동갑인 스물네 살이라는 것과 내가 결혼 후 처음 살았던 동네에 살고 있다는 것이 더욱 반가워서 쇠줄로 묶여진 부대 정문의 밖에 서서 이런 저런 말을 했다. 그는 '근무 중이어서… 아드님도 근무를 잘할 것'이라며 내게 인사를 하고 보초를 서던 곳으로 돌아갔다. 집으로 돌아오는 길은 마치 아들을 만나고 오는 듯 가슴이 설레었다.

지난겨울 아들이 군 입대를 했다. 하필 추울 때 군대를 가느냐는 친정어머니의 걱정을 들을 때도, 한때 꽁지머리를 하기도 하고, 자유스러운 것을 좋아하여 혼자 여행을 다니기도 하던 아들이다.

어제는 슈퍼에 갔다가 군복을 입은 젊은이 둘을 보자 또 푼수기가 발동했다. "아파트 뒤에 있는 부대에서 근무하고 있나요? 그곳에도 피엑스가 있나요? 우리 아들도 군인이에요" 그리곤 그들에게 무엇이든지 맘대로 고르라고 했다. 멈칫거리는 그들에게, 나는 부대에서 바로 내려다보이는 114동에 살고 있으며 지난 토요일 사진을 찍어준 일이 있는 병장에게 이야기 하면 아마 알 것이라고 말한 뒤, 초코파이 다섯 통과 스낵 몇 봉지를 안겨주었다.

집에 돌아와 남편에게 그 이야길 했더니, 왜 요즘 부쩍 그 부대에다 신경을 쓰냐며 웃는다. "난 대한민국의 이등병 엄마니까"라고 말하며 함께 웃었다.

산길을 내려오며 또 다시 철조망 너머 부대 안을 바라본다. 바닥 가득 노란 들꽃이 가득 핀 언덕 위의 빨랫줄엔 카키색 러닝과 목이

긴 양발, 고동색 팬티, 트레이닝복, 파란 수건 등이 널려있다. 아들이 백일 휴가를 나왔을 때 빨래를 해가지고 들어간 것들이다.

검둥개는 철조망 앞에서 네 다리를 뻗고 옆으로 누워 잠이 들었고, 저 만큼 떨어진 곳의 농구골대 앞에서 한 병사가 반팔 속옷을 입고 혼자 공을 바스켓 안에 넣고 있다. 철조망 안에서 젊음이 갇혀 있는 듯하다. 그러나 그들은 그곳에서 몸과 마음을 키우고 있으리라.

다음 달엔 아들 면회를 가야지, 생각만으로 벌써 아들을 만나기라도 한 듯 마음이 들뜬다. 대한민국의 씩씩한 육군 김 이병, 파이팅, 파이팅.

봉평 스케치

여름내 무기력해 있었다. 그런 자신에게 '더위 때문일 거야'라고 스스로 핑계를 대었다. 그런데 가을 문턱인 9월 앞에서 난 또 두려워지고 있다. 더위가 물러가고 가을이 온다 해도 내가 무엇을 할 수 있을까. 무엇을 쓸 수 있을까. 그것이 내 안에 또 다른 갑갑증을 불러일으키고 있다.

도시를 벗어나 바람이 상쾌한 곳이 간절했다.

'효석문화제'와 메밀꽃 소식을 듣고 난 강원도의 봉평에 가자고 했다. 왜 그곳엔 또 가느냐는 그에게, 내 안의 갑갑증을 숨긴 채, 두 어 번 갔어도 메밀꽃의 개화는 보지 못했기 때문이라고 말했다.

9월 첫주의 주말은 아침 일찍부터 도로 위가 붐볐다. 추석을 보름 앞둔 벌초행렬들이라고 방송에선 전한다. "이 시간에 벌써…"라며 남편은 낭패한 표정을 짓는다. 운전을 못 하는 아내로 인해 늘 혼자 운전대를 잡아야 하는 남편은, 주말이면 어딜 가나 어김없이 이어지는 도로 위의 정체를 염두에 두고 "일찍 일어나 일찍 갔다 오자"고 서둘렀었다.

그러나 사실 꼭 봉평이 아니어도 괜찮았다. 난 그저 어딘가로 한 바퀴 돌아오고 싶었을 뿐이었다.

면온 I.C를 빠져 나와 봉평이 가까워지자 거리 곳곳에 '효석문화제를 알리는 현수막이 걸려있었다. 매년, 메밀꽃이 피는 9월 초순에 열리는 '효석문화제'는 올해로 '제 7회'가 된다. 엿새 동안 열리는 문화제 기간 동안 '전국 효석백일장'과 '문학 심포지엄', '사물놀이' 등 30여 가지의 다양한 행사가 마련되어 있다.

문화제의 주 행사장으로 꾸며진 가산공원에는 '동이네', '봉평집', '충주집' '물레방아' 등, 임시로 차려진 음식점의 상호들이 모두 「메밀꽃 필 무렵」의 작품 속에서 걸어 나온 듯하다. '토종닭싸움'을 보기 위해 모여 선 사람들, 떡메를 내려치는 곳에선 인절미를 사기 위해 줄을 서 있는 사람들. 간이 의자에 앉아 올챙이국수를 먹고 있는 사람들, 머리 위에는 촬영을 나온 방송국의 헬기가 요란한 소리를 내며 맴돌고 있다.

1907년 봉평에서 태어난 효석, 그가 쓴 한 편의 소설작품으로 인해 그의 탄생 100주년이 가까워 오는 지금 이 한적한 산골마을은 이렇게 축제가 펼쳐지고 있다. 서른여섯 해를 살고 간 그의 짧은 생애를 생각할 때 문학의 힘은 얼마나 영원한 것인지 새삼 되새겨 본다.

홍정천 개울 위로 통나무와 솔가지를 엮어 섶다리를 만들어 놓았다. 물 위를 지나는데 내 두 다리가 휘청거린다. 메밀로 만든 여러 음식들을 두고 메밀동동주를 두 잔이나 마신 탓이리라. 작품 속 허 생원이 발을 헛딛는 바람에 고꾸라져 동이의 등에 업히게 된 그때의 개울은 지금의 이 냇물보다 좀 더 깊었을 것이다. 허 생원은 성서방네 처녀와 다시 만나 잘 살게 되었을까. 누구나 상처 입은 영혼을 가지고 사는 게 인생살이라 해도, 가엾은 허 생원…. 난 마치 그가 실존인물이나 되는 듯 안쓰럽다. 이 느낌 또한 문학이 지닌 힘이리라.

섶다리를 건너 문인 시화전이 열리고 있는 산 언덕배기의 효석문학관을 들러보고 '이효석 생가 터'로 향했다.

생가 터 옆에는 새로운 건물이 지어지고 있다. 무엇을 짓고 있는지 알림글은 없고 비닐 끈을 둘러 쳐놓은 곳에 '절대 접근금지'라고만 쓰여 있다.

'이효석 생가 터'라고 쓰여 있는 둥근 대리석 앞에서 한 젊은이가 말했다. "그 당시 이 정도의 집에서 살았으면 잘 살았네"라고. 새로 올린 푸른색 기와가 왠지 어색한 이 집은 이효석이 살던 당시의 집이 아닌 새로 지어진 집으로서 옛 모습이 아니라는 사실을 그는 모르는 듯하다. 지금은 누가 살고 있는지 지난여름에는 붙어있던 문패가 떼어지고 없다. 마당가에 연못을 파고 새로운 장식물들을 설치했다. 마을 입구에 설치해 놓은 조형물들은 볼 때마다 그 조잡스러움이 마음에 들지 않는다. 이효석이 태어나 6년을 살았다는 당시의 집만을 그대로 복원해 놓았더라면 우리는 더 정감 있게 그의 체취를 느낄 수 있지 않았겠는가.

가는 빗줄기가 오락가락 하는 가운데 사람들은 생가 터 뒤의 메밀밭 속에서 사진을 찍느라 분주하다. 눈이 내린 듯한 새하얀 꽃밭 속에서 나도 웃으며 여러 장의 사진을 찍었다.

"산허리는 온통 메밀밭이어서 피기 시작한 꽃이 소금을 뿌린 듯이 흐뭇한 달빛에 숨이 막힐 지경이다. 붉은 대궁이 향기같이 애잔하고…"라는 빼어난 표현으로 그는 「메밀꽃 필 무렵」을 '한국단편문학의 백미'이며 자신의 대표작으로 올려놓았다. 그러나 새하얀 메밀꽃밭 속에 서 있으면서도 '방울 소리가 시원스럽게 딸랑딸랑 메밀밭께로 흘러간다.'는 소설 속 풍경으로 들어가 감상에 젖어보기엔 왠지 주변이 어수선하다.

갑자기 굵어지는 빗줄기를 피해 음식점의 처마 밑으로 뛰어 들어갔다. 붉은 다알리아 꽃과 새빨간 칸나는 빗줄기에 오히려 싱싱한 표정을 짓고 있다. 서양 꽃을 좋아한 이효석은 병실에서도 칸나를 꽂아놓고 문병객을 맞았다고 한다. 꽃밭엔 장미, 칸나 맨드라미 등, 그가 좋아했다는 꽃들이 무질서하게 피어있다. 그 무질서가 정겹다.

귀족적 취미를 지니고 미식가이며 베스트 드레서이기도 했다는 이효석. 그가 즐겨 치던 피아노가 놓여있고 크리스마스트리와 전축이 놓여있는 그의 방을 떠올릴 때, 어수선한 꽃밭도, 그가 태어난 곳에 지어져 있는 집도 왠지 그의 분위기와 어울리지 않는 듯하다. 「낙엽을 태우며」 속에서 그는 얼마나 세련된 생활인의 멋을 풍겼는가.

돌아오는 길은 아침의 정체와는 비할 바가 아니었다. 그러나 떠나는 길이 아닌 돌아가는 길이기에 아침과 달리 느긋하다. 남편의 졸음운전을 막기 위해서 옆에 앉은 나는 무슨 이야기라도 해야 하는데 입을 다물고 있다. 가산 선생의 기를 받아 올 가을엔 나도 괜찮은 수필 한 편 쓸 수 있으면 좋으련만.

그러나 그는 「영서(嶺西)의 기억」에서 "고향의 전경이 일상 때 마음에 떠오르는 법 없고 고향의 생각이 자별스럽게 마음을 눅여준 적도 없다"고 했다. "일찍이 고향을 떠났던 것이 그에게 '고향 없는 이방인 같은 느낌'을 갖게 했을 것"이라는 어느 글이 떠올라 아이러니를 느끼게 한다.

왜 글을 쓰려는가

모니터 위에서 커서가 깜박이고 있다. 빨리 무엇인가를 쓰라고 재촉하는 듯하다. 그러나 나는 아무 것도 쓰지 못하고 있다. 쓰지 않는 것이 아니라, 못 쓰고 있는 것이다. 무엇을 어떻게 시작하고, 무엇을 쓴단 말인가. 결국 오늘도 난 아무 것도 쓰지 못할 것이다. 그것은 내 글쓰기의 역량이 부족하기 때문임을 나는 안다.

가능하면 나는 쓰고 싶지 않다. 글쓰기보다 더 나를 끌어들이는 매력적인 것이 있다면. 더 외롭지 않을 무엇이 내게 있다면.

친구는 말했다. "네가 몰라서 그렇지, 얘, 세상에는 얼마나 재미있는 게 많은데."

나도 그 친구처럼 골프가 재미있고, 찜질방에 앉아 수다를 떠는 게 재미있었으면 좋겠다. 그렇게 흐르는 시간 속에서 허망감을 느끼지 않았으면 좋겠다. 늘 머리에 쥐가 날 것 같은 글쓰기의 불안에서 나를 건져낼 수 있는 다른 재미가 내게도 있었으면 좋겠다.

"내가 뭘 쓴다고, 쓰지 않을 거야."라고 진담 반 농담 반 투정하는 내게 문우 J가 말했다.

"쓰지 않으면 뭘 할 건데?"

왜 우리는 무엇인가 해야만 할까. 무엇인가 하지 않으면 살아 갈 수 없는 걸까.

수필문단의 원로 K선생은 수필집 머리말에 '심심하기 때문에 쓴다.' 라고 하셨다. 그러나 그 '심심' 속에 들어있는 삶의 권태와 허무, 고독을 나는 안다.

수필 쓰기 공부를 막 시작했을 무렵, 강사이신 K선생은 수강생들을 향해 왜 글을 쓰려는지 한마디씩 말을 해보라고 하셨다. 나는 얼떨결에 '그리움 때문에'라고 했다. 내 곁을 지나간 것들에 대하여, 머물고 있으나 곧 지나갈 것들에 대하여, 아직 다가오지 않은 것들에 대하여, 그 모든 것들은 결국 내 곁을 스쳐 사라져 갈 것들이기에, 영원할 수 없는 것들에 대한 그리움 때문에 글을 쓰려는 게 아닌가 합니다, 라고 말했었다.

삶이 쓸쓸하지 않으면 어디에서 '그리움'이 일겠는가. 쓸쓸한 삶의 틈바구니에서 그리움은 생성되는 것 아닐까.

원죄 같은 인간의 고독. 우리는 고독하지 않으려고 무엇인가를 해야만 하고, 또 하고 있는 게 아닐까. 그것이 운동이든, 예술이든, 모여서 떠는 수다이든.

나는 내가 가지고 태어난 나의 배냇병을 안다. "쓰지 않으면 뭘 할건데?"라고 묻던 문우 K의 물음의 뜻을 알고 있다.

'성격이 곧 운명'이라 한다면, 나는 태생적으로 지닌 내 성격을 안다. 남달리 지니고 태어난 내 섬약한 감성은 늘 나로 하여금 현실에 뿌리 내리는 지혜를 터득하지 못하게 했다. 현실에 뿌리 내리지 못하고 허공에 떠있는 자의 외로움. 아웃사이더이며, 이방인인 내 안의 고독을 어찌할 것인가. '배냇병신은 못 고친다.'라는 옛말이 있듯. 태생적인 이 군중 속의 고독감은. 내 목숨이 있는 한 고쳐지지 않을 고질적인 병임을 확실히 알고 있다.

외롭지 않으면, 삶이 고독하지 않으면 왜 쓰려는 것일까. 내 안의 고질병인 외로움을 떨어낼 수 있는 더 나은 것이 있다면 나는 쓰지 않을 것이다. 글을 쓰려하기보다 그것을 택할 것이다. 그러나 장담컨대, 더 나은 그 무엇이 내겐 영원히 나타나지 않을 것 같으니, 그것이 문제이다. 그것은 가지고 태어난 내 운명과 같은 게 아닐까. 삶이 고독하지 않으면 왜 글을 쓰려 하겠는가.

그러기에 난 내 곁을 스쳐가는 이들의 삶의 쓸쓸함과 허무를 기록할 것이다. 그것이 읽는 이에게 삶의 외로움에 대한 카타르시스가 되길 바라며….

언어의 일회성이 허무라면, 문자의 영원성은 두려움이기도 하다.

금성에서 온 여자

“당신은 어디 출신이야. 화성, 목성, 금성?”

“저는 금성에서 왔습니다. 그런데 지구별에 온 지 반백 년이 되어도 적응이 잘 안 됩니다.”

김 선생의 크고 호탕한 웃음이 수화기 너머로 한참 이어졌다.

“같은 고향이구나. 사람들이 나보고도 금성에서 온 여자라고 하거든.”

내 친정어머니보다 두 살 연배이신, 수필가 김선생은 성격이 호탕하여 여장부 같은 분이다.

아웃사이더이며, 외계인이 난 지구별의 소풍이 언젠가 끝나고 금성으로 돌아가는 날까지 여기저기 구경이나 다녔음 한다.

아름다운 사람

앞산에 비치는 햇살에 어느덧 봄기운이 묻어있다. 지금쯤 저 땅 밑 곳곳에선 겨우내 잠자던 생명들이 꼼실대며 기지개를 켜고 있으리라. 머잖아 푸른 얼굴로 고개를 내밀 것이다.

읽던 책을 덮고 순한 허브 차 한 잔을 만들어 햇살 비추는 베란다 창가로 나와 앉았다. 빈집, 오후의 고요가 좋다. 밝고 따스한 햇살이 좋다. 언제나 눈앞에서 사시사철을 보여주는 앞산이 좋다. 모두가 내게 값없이 주는 것들이다.

값없이 받고 있는 것이 어디 이 뿐이겠는가. 어쩌면 난 지금껏 모든 것들을 값없이 받고만 살아온 것 같다.

민정이는 문우 H선생의 딸이다. 그녀는 스물여덟 살이다. 지난 해까지 그녀가 입었던 밝고 고운 빛깔의 옷들은 올 봄 모두 장롱 속에 들어있다. 그녀는 지난겨울 스스로 성직자의 길을 택했다.

"신발장 안의 저 예쁜 구두와, 장롱 속의 저 고운 옷들은 어떡하라고, 남의 집 결혼식장에 가서는 어떻게 앉아 있으라고…."

H선생의 말이 절규처럼 가슴을 울렸다.

봄은 또한 여자들의 옷차림에서 온다고 했다.

지난 연말, 티브이에서는 150년 만에 공개한다는 가톨릭 신학대학의 모습이 화면에 나오고 있었다. 신부가 되기 위해 교육을 받고 있는 그들의 모습은 흡사 다른 세계사람 같았다. 사람의 얼굴은 내면의 거울이었다. 20대 청년들의 얼굴은 하나같이 미남이어서 나는 오히려 가슴이 아팠다. 그들의 표정은 마치 신의 표정이 저러하지, 싶을 정도로 황홀했다.

이 봄, 스물여덟 그녀가 지명(知命)에 이른 내 삶의 방향을 바꾸어 놓았다. 종교가 달라도 그녀의 기(氣)가 내게 전달되었음일까. 그녀는 나를 돌아보게 했다.

나도 아름다운 사람이 될 수 있을까. 아름답게 나이 들어 갈 수 있을까. 무엇이 나를 아름답게 할 수 있을까.

유리장 안의 액세서리들이 햇빛에 영롱한 빛을 발하고 있다. 저 장신구들이 나를 빛나게 할 것인가. 장롱 안의 수많은 옷가지들이 나를 아름답게 할 것인가.

나는 자기애가 강한 사람이 아니었을까. 가족들에게조차도 내 일이 우선이었고, 아직도 주변과 어울림에 익숙지 않으며 혼자 내 성(城) 안에 있길 좋아했다. 그것은 아직도 성숙되지 못한 유아적 인격 탓이리라.

그러나 그녀는 올 봄 가장 아름다운 옷을 입었다. 희생과 봉사, 사랑이 스며있는 무채색의 한복. 올 봄 가장 아름다운 옷을 입고 있는 스물여덟 민정이는 이 봄 가장 아름다운 아가씨일 것이다.

그녀를 기다리며

"덕수궁 갔다 왔니? 오르세 미술관 명품들이 왔다는데…."

가을이 잔뜩 묻은 목소리로 친구 K가 전화를 했다. K는 두 딸 '은정'과 '혜정'의 이름을 딴 '은혜 농장'의 주인이다. 그의 가족은 서울에서 몇 년간의 직장생활을 접고 고향으로 내려갔다. 농학을 전공한 그녀와 남편은 부모님이 하시던 과수원을 일구며 버섯 재배를 시작했다. 커다란 두 동(棟)의 버섯 막사에서는 그녀의 애정 속에 느타리 버섯들이 시간을 다투어 자라나고 있다.

이제 과수원의 가을걷이를 모두 끝내고 조금은 숨을 돌릴 때이다. 올해는 과일농사가 풍년이라고 했다. 그러나 일 년 내내 땀으로 가꾼 농산물들이 풍년이면 풍년인 대로 가격이 하락이니 풍년이라 하여 무조건 좋은 일만은 아닐 것이다.

"이젠 견딜만 해. 이곳 사람들이랑 밤에는 노래방도 가고 고스톱도 친다." 처음엔 그곳의 생활을 몹시도 못 견뎌 하더니, K가 그 말을 하기까지 사·오년이 걸린 듯하다.

자가용들이 주차되어있는 청량리 역 광장엔 가을햇볕 사이로 비둘기들만이 푸드드득 오르내리고 있다. 칸막이로 가린 채 방치되어 있는 구 역사건물이 황량하다.

스물넷의 여름, 나와 K 그리고 H. 친구란 서로에게 힘이며 위로이다. 청춘, 무엇이 그리도 우리를 못 견디게 했을까?

가을이면 그녀는 노오란 들국화를 한 아름 안고 내 사무실은 찾아오곤 했다.

내가 너무도 많아

가을부터 느낌이 좋지 않던 왼쪽 다리가, 겨울 들면서 갑자기 걷기가 불편할 정도로 아파왔다. 아픈 부위는 발목선의 발등인데 걸을 때마다 발바닥부터 종아리까지 저리고 당긴다. 병원의 의사는 자세불량과 운동부족이라 했고, 또 다른 병원의 의사는 근육에 무리가 간 것 같다고 했다. 주사를 맞고 물리치료를 하고 여러 번 침을 맞아도 보았지만, 위장이 약해 치료와 함께 약을 복용하지 못해서인지 쉬이 낫지를 않는다. 며칠째 밤낮으로 오는 통증이 입맛을 잃게 하고 기운마저 떨어뜨린다.

몸도 우리에게 말을 걸어오고 신호를 보내온다.

내 죄가 아니다

늦은 저녁시간 전화벨이 울렸다.

"혹시 ○○초등학교에 다닌 ○○○씨 핸드폰 아닙니까."

"네, 맞는데 누구시죠?"

40년 전에 다닌 초등학교의 이름을 들먹이는 남자의 목소리에 순간 긴장하였다. 자신은 초등학교 시절 나와 같은 반이었던 ○○○인데 알겠느냐고 했다. 얼른 머리를 회전시켰다. 이름은 희미하게 생각나는데 얼굴은 떠올릴 수 없었다. 그가 민망할까 하여, 생각난다고 하였다.

40년 전의 산골마을.

눈(目)

며칠 전, 안경점에 들러 돋보기를 두 개나 더 맞추었다. 세 개가 되었다. 하나는 작은 방 책상 위에, 하나는 침대머리 위에, 또 하나는 거실의 탁자 서랍에 넣어 두었다. 책이 놓여 있는 자리마다 돋보기들도 함께 놓여 있다.

'구백 냥'짜리에 문제가 온 것이다. 그로 인해 자꾸 쓸쓸해지고 있다.

벚꽃이 피는 봄날

봄에 꽃이 피지 않는다면…. 상상도 하기 싫은 일이다.

나는 지금 철조망 안의 산 벚꽃 나무를 올려다보고 서 있다.

사랑은 서로 보는 것이다

신년벽두 동생이 전화를 했다.

"언니, 엄마가 평균연령을 사신다 해도 이제 몇 년이나 더 사시겠어. 일 년에 겨우 명절 때나 두어 번 보게 된다면 이제 열 번밖에 더 볼 수 있겠어."

엄마를 볼 수 있는 게 열 번밖에 없다는 생각을 하면 가슴이 먹먹하다고, 그래서 어제는 친정엘 갔다 왔다는 동생의 전화에 나는 무어라 말을 못하고 말았다.

내가 그 사람의 얼굴을 몇 번이나 더 볼 수 있을까. 새해에는 우리 만나며 살아갈 일이다.

세 여자 도락산에서 울다

이 가을 산에 떨어내고, 일 년에 한두 번 전화를 하더라도 늘 깊은 곳에 뿌리가 연결되어 있음을 믿으며. 우리는 자신의 자리로 돌아가, 나무처럼 또 굳건히 서리라.

애영 언니

"어떻게 지내니?" 고모가 생전에 내게 전화를 했듯 언니도 가끔 전화를 한다. 오늘도 언니와 난 수화기를 붙들고 가족들의 건강 이야기며 주변인들의 이런저런 근황까지 한참 수다를 떨었다. 그리곤 "언니, 언제 놀러 좀 와라."라는 말로 전화를 끊었다. 같은 서울 안에 산다지만 집안의 행사가 아니면 친척 간에도 따로 만나기가 쉽지 않은 것이 현대인의 생활이다.

나보다 세 살이 많은 언니는 고모의 네 따님 중, 선도 안보고 데려간다는 셋째 딸이다. 동그라미가 세 개씩이나 들어 간 '애영'이란 언니의 이름처럼, 동그란 얼굴과 동그란 눈이 예쁜 언니는 이제 오십 중반의 중년이 되어 몸매도 둥그러졌지만, 내게 언니는 언제나 흰 교복을 입은 목소리가 맑고 명랑한 소녀의 모습으로 떠오른다.

방학이 되면, 서울에서 언니는 외갓집인 시골의 우리 집엘 내려왔다.

어느 날의 질문

"나에게 가장 중요한 것 20가지를 말해보세요"

며칠 전, 수필 강의 시간에 강사이신 B선생님으로부터 받은 질문이었다.

"건강, 돈, 집." 문우 H가 웃으며 말한다.

"가족, 건강, 반닫이, 시계, 옷…." 멋쟁이 P여사는 연세가 드신 만큼 오래 전부터 내려오는 반닫이와 사연이 있는 옷과 고급 시계 등을 빼놓지 않고 꼽으셨다.

"고무장갑, 세탁기, 자동차, 텔레비전…." 현실감각이 뛰어난 K는 역시 실생활에서 필요한 것들을 먼저 꼽는다.

"가족, 저금통장, 텔레비전…"

가족을 이야기 할 땐, 친정식구들은 꼽으면서 아무도 시댁식구를 꼽는 사람은 없었다. 우리는 모두 아들을 둔 여자들이지만 솔직한 마음을 어찌하느냐며 함께 웃었다.

"내 삶의 주제어(상징어)는?"

"나 자신을 묘사하는 말은?"

어느 날, 수필 강의를 하는 J교수님이 내주신 과제물을 받아 든 나는 뒤통수를 맞기라도 한 듯 머리가 멍해졌다.

나는 아직도 그 과제물을 적지 못하고 있다.

눈 내린 날

밤사이 하얗게 눈이 내렸다. 모처럼 눈다운 눈이 내린 날, 나는 자꾸 창밖을 내다보다가 눈 쌓인 숲 속, 그 곳으로 간다.

고운 쌀가루처럼 내리고 있는 눈가루를 얼굴로 받으며 산길을 걷는다. 세상의 무엇을 덮으려고 흰 눈은 아직도 이리 내리고 있는가. 까만 아카시나무의 빈 가지들이 하얗게 눈꽃을 피우고 있다. 나뭇가지 사이로 까치 한 마리 깍깍거리며 어디론가 날아가고 있다.

먼저 산길을 오간 이들의 발자국을 따라 걷는다. 티끌 하나 묻어 있지 않은 듯한 이 정결함. 나는 순결한 처녀성을 짓밟는 폭군이 될까봐 차마 아무 흔적 없는 숫눈 위에 발자국을 찍지 못한다.

지난 봄, 눈처럼 흰 꽃을 피웠던 찔레나무가 오늘은 흰 눈을 이고 빨간 열매를 꽃처럼 달고 있다.

'찔레덩굴 옆에 서서 나는 마을을 내려다본다. 모두가 흰 눈 속에 고요하다.'라는 프로이드의 시구를 적었고 나는 지금 눈 내리는 창가에서 앞산을 바라보고 서 있다고 적었다. 편지를 받고 그는 감동의 답장을 보내왔었다. 그러나 지금 편지를 보낼 만큼의 편안한 사람 하나 곁에 두지 못한 자신의 처사를 돌아본다.

아주 오래 전, 우리가 스물 몇이던 때, 눈 내리던 어느 밤 친구 진이가 우리 집을 찾아왔었다. 갑작스런 그녀의 방문에 '웬일'이냐고 나는 물었고, 진이는 "그냥 눈이 와서…"라고 했다. 그래놓곤 그녀는 방문 앞에서 신발도 벗지 않은 채 곧장 돌아서 다시 버스를 타고 돌아갔다.

몇 해 전, "Y가 세상을 떠났대." 진이는 끝내 울음을 터트렸다.

Y는 중학교 시절 진이를 몹시 괴롭히던 남학생이었다. 그는 담벼락에다 진이의 이름을 잔뜩 써 놓기도 했으며, 하굣길의 골목을 가로막고 서 있곤 했었다. 그러나 그 뒤 학교를 졸업하고 청년이 되었을 땐 그 시절의 불량기는 사라지고 모범적인 직장생활을 하고 있다고 소문이 났었다. 그런 그가 젊은 나이에 병을 얻어 세상을 떠났다는 것이다.

지방에서 큰 일식집을 경영하며 성실한 남편과 함께 열심히 살아가는 진이가 그날 내게 전화를 해 울던 울음을, 그 마음을 왜 모르겠는가.

오늘 같은 날은 내가 그녀를 찾아가 '그냥, 눈이 와서'라고 하고 싶다.

나는 눈을 뭉쳐 괜스레 나뭇가지 위로 던져보기도 하며 산길을 걷는다. 그 사이 내리던 잔설이 그쳤다. 부지런한 이들은 벌써 한 바퀴를 돌아 내려오고 있다. 천천히 걷는 걸음인데도 이마에 땀이 밴다.

눈이 내린 날은 산 속이 아늑하다. 멀리 큰 산봉우리들은 안개에 가려 보이지 않는다. 그러나 보이지 않을 뿐 큰 산도 큰 바위도 묵묵히 제자리에서 눈을 이고 있다.

소복 눈이 쌓인 소나무 위로 삐죽삐죽 돋아난 솔잎들이 마치 가시털을 잔뜩 세우고 있는 고슴도치 같다. 눈송이들이 얼음이 되어 박히면 저 가는 솔잎들을 어쩔까. (2월 7일)

올챙이들은 어디로 갔을까

봄 가뭄은 여름이 다가오도록 비 한 방울 내리지 않더니, 이제부터 장마가 시작된다고 한다. 어제 하루 동안 내린 비로 담장이 무너지고, 논밭이 침수되고, 여기저기서 물난리가 났다.

오늘은 또 언제 비가 왔었냐는 듯, 다시 햇살이 뜨겁다. 나는 오늘 뒷산엘 가보려고 한다.

우리 집 뒷산엔 올챙이들이 살고 있다. 산이 젖줄처럼 품고 있는 약수물이 졸졸 흐르는 계곡엔 봄이 되면 겨우내 볼 수 없었던 생명체들이 나타난다. 올해도 삼월이 되자, 물살의 흐름이 멈추고 물이 고이는 곳에 뭉글뭉글한 덩어리들이 엉켜있는 것이 보였다. 검은 깨알이 하나씩 박혀있는 듯한 개구리 알이다. 산에 갈 때마다 그곳에서 발걸음을 멈추고 개구리 알들을 들여다본다.

그 뒤, 어느 날 물속의 돌멩이에 새카만 것들이 잔뜩 붙어 있었다. 알에서 부화한 작은 올챙이들이었다. 가끔 살랑살랑 꼬리를 흔드는 놈도 있지만 아직 그것들은 새로운 환경에 겁을 먹고 있는 듯 움직임이 없었다. 그 뒤, 올챙이들은 조금씩 몸통이 커져갔고, 난 가끔 심술쟁이 아이처럼 발을 쿵 하고 굴러 그것들을 놀래 주곤 하였다.

언제쯤 뒷다리가 나오고 앞다리가 나오게 될까. 나는 올챙이들이 자라는 것이 궁금하여 애써 시간을 내어 산에 가기도 했다. 그러나 새카맣게 꼬물거리던 올챙이의 숫자가 자꾸 줄어가고 있었다. 올챙이들은 어디로 간 것일까. 숲 속의 꽃이 피고지고 녹음이 푸르러 가는 유월이 되자 뒷다리가 나오는 놈들이 생겨나기 시작했다.

비가 오지 않았다. 계속되는 봄 가뭄은 여름이 올 때까지 이어져 산길에도 푸석푸석 먼지를 날리게 했다. 올챙이들이 살고 있는 웅덩이 물도 하루가 다르게 말라가건만 약수는 겨우 명맥만 유지한 채 똑, 똑, 똑 물을 흘리고 있었다.

아직 뒷다리조차 나오지 않은 놈도 있는데, 올챙이가 놀고 있는 웅덩이 물은 이러다 며칠을 못가 다 증발해 버릴 것만 같았다.

헛된 꿈만 오락가락

여인의 무덤 앞에 서있다. 무덤 뒤로 소나무가 울타리처럼 둘러 서 있고 그 너머로 아파트 단지가 보인다. 운농기구까지 설치해 놓은 묘지 주변은 조용하다. 거문고 소리가 들려오는 듯하다. 눈처럼 하얀 배꽃이 마구 흩날리던 봄날 울며불며 님과 이별하였다. 추풍낙엽의 계절이 돌아오니 마음 더욱 쓸쓸하여 행여 떠난 님의 소식이라도 올까 창밖을 내다보며 홀로 앉아 거문고를 뜯는다. 400여 년 전, 깊이 사랑을 품고 살다가 사랑을 앓다가 떠난 여인.

한 편에 몇 개의 운동 기구도 설치되어 있지만 방금 도착한 우리 일행을 빼면 주위는 조용하다. 그녀의 이름이 새겨진 검은 묘석을 쓰다듬는다. 전북 부안군 부안읍 서외리에 위치한 무덤은 약 400여 년 전, 사랑을 가슴에 품고 떠난 여인.

"이 무덤은 조선시대의 명기 이매창이 잠든 곳이다. 매창은 조선 선조 6년(1573)에 부안현의 아전인 이탕종의 딸로 태어났으며 자는 천향, 이름은 계화, 계생, 또는 향금이라고도 하였다. ㅡ그녀는 부안 지방의 유명한 기생으로 시조와 한시에 능하였고 춤과 거문고 솜씨가 매우 뛰어났다고 한다. 개성의 황진이와 더불어 조선시대 여류시인으로 쌍벽을 이루는 매창은 시조와 한시 58수를 남겼고 작품으로는 「매창집」이 전한다. 전라북도 기념물 65호"

전라북도 부안군 부안읍에 위치한 매창공원 안에 새겨져 있는 글귀다.

가을이 익어가는 날, 「문학사계」의 발행인이며 시인이신 황송문 교수님과 함께 황 교수님의 강의를 듣는 문화센터의 시 창작반 회원들을 따라 부안으로 문학기행을 떠났다. 황 교수님의 스승이신 신석정 시인의 생가 방문을 목적으로. 매창공원과 채석강, 내소사~~

그러나 일정이 바쁜 우리는 오래 머물지 못하고 석정 시인의 생가를 향하기 위해 재촉을 한다.

제5부

진달래 피다

2005년 4월 15일

진달래 피다.

2005년 5월 7일

어제 내린 비로 인해 햇살 돋은 아침이 더없이 맑다. 창밖으로 보이는 크고 작은 건물들, 그 속에 살고 있는 모든 사람이 축복처럼 햇살을 받으며 희망으로 오늘 하루를 시작했으면 좋겠다.

밤새 뒷산이 더욱 푸르러졌다. 나는 오늘 아침 서둘러 산길을 올랐다. 냉이는 씨앗을 품고 찔레는 어느새 꽃망울을 달았다. 시간을 다투어 생을 사는 그들은 요즈음 아침, 저녁의 변화가 다르다.

풀섶에 맺힌 이슬이 다이아세례를 받은 듯하다. 나는 눈높이를 낮추어 그들 앞에 쪼그리고 앉았다. '그래 선물을 받았구나.'

겨우내 인내한 목숨. 봄을 기다린 그들에게 '잘했다. 잘 살아났다' 신이 선물로 얹혀준 보석이리라.

나는 잣나무 숲에 이르러 걸음을 멈추고, 잠시 팔 다리를 흔들고 고개도 좌우로 돌리며 숨고르기를 했다. 그때, 앞길에서 노인 한 분이 걸어오고 있었다. 무심코 그를 봤다. 그는 갑자기 짚고 있던 지팡이를 들어 길옆의 풀과 꽃들을 내려쳤다. '저기에 뭐가 묻었기에…'

그러나 노인은 길을 걸어가며 계속 길가의 생명들을 내려치는 게 아닌가. 그의 지팡이에 살기를 실어서….

"할아버지 왜 꽃들을 다 내려치세요."라고 나는 소리 지르고 싶었다. 그런데 목소리가 입 밖으로 나오지 않았다. 내가 그렇게 소리를 지르면, 순간 노인은 뒤로 돌아, 꽃을 내려치는 지팡이로 힘껏 나를 내려칠 것 같았다. 뚱뚱한 노인의 뒷모습에조차 심술이 붙어 있어 보였다.

길을 돌아 노인이 사라지는 모습을 바라보며, 풀꽃들이 노인의 지팡이에 휙휙 목숨을 잃어가는 것을 보며, 속에서 분노가 치밀었다. 오늘 아침 저 노인의 지팡이에 사라질 생명들이 얼마나 될까.

이제 땅으로 돌아갈 나이에 이르러가는 그가, 무엇 때문에 땅에서 돋아난 죄 없는 것들을 저리 대할까. 무엇이 저 노인의 심성을 저리 만들었을까.

나는 마음을 나듬어 조금 전 그가 지나온 길로 걸음을 옮겼다. 아니나 다를까. 길옆에는 조금 전 그가 치고 지나간 애기똥풀 꽃들이 목이 달아난 채, 줄기가 잘린 채, 노란 수액을 토하고 있었다. 어쩌나….

애기똥풀 꽃들은 어제 내린 비로 목마름을 축이고, 마음껏 샤워를 하고 햇살에 마구 가슴 설레며 아침을 맞이했을 것이다.

진달래가 지고 산 벚꽃이 진 이즈음, 애기똥풀 꽃이 얼마나 산길을 환하게 빛내고 있는가. 그의 역할은 그것만으로도 족하지 않는가.

졸지 간에 노인의 폭력 앞에 날벼락을 맞은 그것들을 생각하니 자꾸 속이 상했다.

오늘 아침 산책은, 심술궂은 인간으로 인해 '속상해 죽을 뻔한' 아침이 되고 말았다.

5월 16일

뒷산에 아카시아꽃 피기 시작하다. 오월 십팔일, 한창으로 피어나다.

5월 23일

아카시아 꽃 지기 시작하다. 꽃이 지기로서니 바람을 탓하랴.

찔레꽃 흐드러지다.

5월 30일

힘없이 내려앉는 아카시아 꽃잎들이 날리는 백설 같습니다. 바람 탓이 아니요. 흐르는 시간 앞에 어쩌지 못하는 목숨, 제 삶을 지켜내지 못하고 흰 꽃잎들은 그렇게 마구 무너져 내리고 있었습니다.

선술집 주모처럼 천박해 보인다고 흉보았던 찔레꽃 역시 하나 둘 꽃잎을 떨구기 시작했습니다. 그래서 그들은 짧은 자신의 생을 알기에, 벌과의 사랑을 위해 온 힘을 다해 활짝 잎을 키웠던 게지요. 이제 가을이 오면 사랑의 결실로 빨간 열매를 달겠지요. 본능적인 생존의 애착이 아니었을까요.

어쩌자고 뻐꾹새는 저리도 울어 댑니까. 봄이 간다고 이제 여름이 온다고….

어느새 망초가 꽃을 피우기 시작했습니다. 노란 꽃들이 진 자리에 하얀 개망초들이 다시 피어나며 또 하나의 풍경을 만들어 갈 것입니다.

비우고 채우며, 채우고 비워가는 자연. 모든 생명들에게 자신의 한해살이를 채워준 다음 산은 다시 그들을 고요히 품어 안을 것입니다. 그러면 나는 다시, 비워가는 모습을 보라고. 함께 보았던 채워가는 모습만큼 비워가는 모습 또한 아름답지 않느냐고.

그때쯤이면 마지막 가을꽃인 향유로 인해 바닥은 온통 보랏빛으로 물들어 있을 것이고, 하늘로부터는 오색 단풍이 들어 갈 것입니다. 그리고 다시 무성한 것들이 사라지고 나타나는 빈 공간들이 얼마나 아름다운지 보여주고 싶다고. 자랑하고 싶다고. 난 다시 안달을 할 것이고….

오늘은 오는 여름 속에서 벌써 가을을 생각하며 산길을 걸었습니다. 이런 날, 누군가 옆에 있다면 「동심초」를 불러 보라고 졸랐을 지도 모릅니다.

'꽃잎은 하염없이 바람에 지고 만날 날은 아득타 기약이 없네….'

6월 28일

장마가 시작되었다고 합니다.

어제 하루 동안 내린 비로 인해 벌써 담장이 무너지고 논밭이 침수되고, 여기저기 물난리가 났다고 합니다. 오늘은 비가 개이고 햇살이 뜨겁습니다. 조금 늦다 싶었지만, 어제 종일 집안에만 있었던 탓에 찌뿌드드한 몸을 풀려고 산길로 올랐습니다.

목이 타던 푸른 잎들이 비를 마신 뒤라 녹음이 더욱 푸른빛을 띠었습니다.

사실 며칠째 궁금한 것은 웅덩이의 올챙이들입니다. 나는 올챙이가 살던 계곡의 물줄기가 궁금하여 산으로 가려고 한 것입니다. 어제 내린 비로, 젓줄 같은 산속 계곡물은 다시 흘렀습니다. 올챙이가 살던 곳에도 다시 물이 고였습니다. 그러나 아무리 들여다봐도 한번 사라진 올챙이의 모습은 다시 볼 수가 없었습니다.

난 고것들이 검은깨 같은 눈만 지니고 뭉글뭉글 알로 뭉쳐 있을 때부터 보아왔지요. 산골에서 살던 어린 시절에도 다른 아이들과 달리 개구리 한 번 잡아보지도 만져보지도 않았던 겁쟁이인 내가, 생명이 자라는 것을 이제야 지켜보았지요. 마치 소중한 무엇인 양, 계곡의 고인 물이 말라가고 있을 때, 이제 막 뒷다리가 생겨나기 시작하는 저것들을 어찌하나, 더구나 위쪽엔 새로 깨어나 꼬물꼬물거리는 새끼 올챙이들이 새카맣게 있었는데.

어느 날, 계곡의 물줄기가 말랐고 올챙이들은 보이지 않았습니다. 바닥엔 아무 생명체도 눈에 띠이지 않았습니다. 물속을 들여다보고 있는 내 곁을 지나가며 젊은 새댁이 지나가며 "올챙이들이 다 죽어서 조금 남은 썩은 물위에 둥둥 떠 있었는데"라 했습니다.

"다 죽었든가요?" "예."

어차피 올 비라면 며칠만 일찍 왔어도, 그 생명들의 탄생이 그렇게 사라지지 않았을 텐데. 생명 지닌 모든 것들에게 생존이란, 결코 그렇게 호락호락한 것이 아닌가 봅니다. 새로이 흐르는 물 위엔 소금쟁이들만 떠돌고 있었습니다. 그러나 또 다른 생명체들이 곧 생겨나겠지요.

외나무다리를 건너자 언덕배기에서 쓰러진 아카시아나무가 길을 가로 막고 있었습니다. 그 곳의 아카시아나무들은 마치 하늘에 닿아 있는 듯하여 고개를 한껏 재껴야만 쳐다볼 수 있지요. 지반이 약한 땅에서 깊이 뿌리를 내리기보단, 하늘로만 뻗어 오르더니 그 모양이 되었습니다. 세상의 권력과 욕망을 향하여 앞 뒤 챙기지 않고 내달리다 어느 날 퍽 거꾸러진 인간의 모습이 상상되어 안타까웠습니다. 한 그루가 넘어지는 바람에 곁에 있던 나무 두 그루가 가지가 찢기며 덩달아 엉켜 넘어 갔습니다. 하루 동안의 비로 인해 살아난 것들과 죽어간 것들이 함께 있었습니다.

깐깐 5월, 미끈 6월, 어정 7월, 건들 8월이라 했던가요. 세월이 그렇게 가고 있습니다.

8월 10일

떠나기 전, 난 그렇게 투정처럼 말했었지요. “사실 내가 보고 싶은 것은 에펠탑도 개선문도 아니라고, 몽파르나스의 묘지에 가서 샤르트르와 보부아르의 묘지를 보길 원하며 페르라세즈의 마리아칼라스의 무덤 앞에서 그녀의 삶을 생각해 보길 원한다고….”

아직도 그렇게 철없는 몽상가일 뿐인 내게 말했지요.

“목적을 갖지 말고 그냥 또 다른 문화를 본다는 생각만으로 떠나보라고. 내가 품은 생각에 집착하기보다 나와 다른 모든 것들에 관심을 갖고 바라보라.”

이번 서유럽 여행은 비록 수박의 겉핥기처럼 단순한 여행이었다 해도 제 삶에 있어 좋은 추억이었으며 아름다운 날들이었습니다.

런던을 향해 가는 비행기 안에서 내려다 본 북해. 그 망망한 바다 위에 유유히 떠가던 화물선을 바라보며 자연이 아닌 인간을 생각했습니다. 물속에서 살 수 없는 인간들은 그 엄청난 바다를 정복할 수 있는, 거친 물살에도 끄떡없이 헤쳐 나가는 거대한 배를 만들었지요. 바다를 정복하고 하늘을 정복한 것은 비행기가 아닌가요. 지금 내가 타고 있는, 이 큰 날개를 지닌, 비행기라는 새. 하늘을 날 수 없자 인간은 비행기라는 물체를 만들어 수백만의 사람이 한꺼번에 날 수 있도록 만들어버렸지 않습니까. 어느 새가 이렇게 거대한 비행을 할 수 있겠습니까.

런던의 히드로 공항은 처음부터 끝까지 카펫이 깔려있었습니다. 유럽인들의 카펫문화는 첫발을 딛는 그곳에서부터 느껴졌습니다. 비가 오고 있었습니다. 오래된 나무들이 뿜어내는 습기, 그 눅눅한 도시에 인간의 역사가 있었습니다.

대영 박물관, 빅벤, 타워브리지, 웨스트민스터 사원 등등 모두 인간의 능력으로 지은 것들이지요. 천년의 역사를 지닌 건축물들 앞에 그곳에서의 백년은 아무것도 아니었습니다.

오후 워털루 역에서 유로스타를 타고 해저터널을 지나 프랑스의 북역으로 이동했습니다.

루브르의 크기와 그 속의 예술품들은 또 어떠한지요. 모조품으로만 대하던 진품들을 그곳에서 보는 감회는 달랐지만 너무 많은 관람객들로 인해 제대로 감상을 할 형편은 못되었습니다. 다빈치의 「모나리자」 앞에서 보다, 드라크라의 그림을 그곳에서 보는 것이 더 감격이었습니다.

개선문의 크기, 대원군과 민비가 싸우던 시절 이미 파리에선 개선문을 만들고 있었다고 오래 전 어느 책에서 읽은 구절이 생각났습니다. 베르사이유 궁전이라던가. 노틀담, 그 후, 밀라노와 피렌체 등지에서 만난 사원과 궁전들을 보면 에펠탑의 크기야 별다르게 놀랄 것도 아니지요. 800년씩 걸려 지은 초호화 궁전의 외벽과 내부를 보면서 인간의 능력은 어디까지일까. 경외감마저 들게 합니다.

유람선을 타고 세느강을 지날 때, 선상 카페에서 파티가 열리고 있었습니다. 그러나 그 곳 또한 사람 사는 세상인 한 어디선가는 가난한 '퐁네프'의 연인들도 있지 않겠습니까.

파리에서 이틀을 머물고, 리옹역에서 초고속 열차를 타고 스위스의 베른으로 갔습니다. 알프스산맥인 스위스의 융프라우, 그 곳에도 인간의 능력은 아낌없이 발휘되었습니다. 그 산비탈을 오르는 기차는 톱니바퀴의 레일로 깔려 있었습니다. 산과 호수와 푸른 초원, 천국의 모습을 한 그 곳의 모습에 감탄을 하다가, 그러나 요즘 제가 화두처럼 붙들고 있는 '인간의 외로움'을 다시 떠올렸습니다. 그 곳에 산다하여 외로움을 못 느끼겠으며 주변 풍경이 아름답다 하여 인간이 고독을 모르겠습니까.

저녁엔 세계 4대 성당인 밀라노의 두오모 성당엘 갔지만 늦은 시간이라 내부를 볼 수는 없었습니다. 워낙 엄청난 성당들의 내·외부에 질려버려 더 이상의 놀라움은 없을 듯 합니다. 신과 인간… 신이 그렇게 호화로운 예배당을 원했을까요. 누구를 위한 사원들이며, 누구의 만족을 위해 바벨탑을 쌓듯 첨탑을 쌓아 올렸을까요.

「그리고 나는 베네치아로 갔다」의 소설가인 그녀는 묘지기행을 썼더군요.

베네치아 '물의 도시' 인간의 능력에 경외감을 표하고 싶은 생각이 이곳에서 또 다시 들었습니다. 거리를 걷기 불편할 정도로 수많은 관광객, 그 속에 서울에서 겨우 아파트 하나 가지고 사는 나 또한 포함되어 있지요. 어마어마한 산마르코 광장, 도대체 이 건물을 지을 엄두를 낸 인간의 두뇌가 놀랍지 않나요. 그랑까네를 따라 배 위에서 바라본 건물들을 무어라 표현할까요. 그레이스켈리호텔, 나폴레옹이 조세핀을 위해 지은 궁전, 카사노바, 헤밍웨이, 헤세가 내려다보던 테라스. 다이애나, 베르디, 그리스와 베니스를 가장 사랑했다던 바이런이 머물던 곳, 해군제독의 집, 샤일록의 집, 미켈란젤로가 응모했다 떨어졌던 다리. 왜 그들은 모두 이 베네치아로 왔을까요. '가장 사랑하기 좋은 곳은 가장 죽기도 좋은 곳'이란 누구의 시구가 떠올랐습니다. 그러나 인간과 자연의 대결일까요. 이 도시가 조금씩 침식되고 있다는 건….

그 놀라운 인간의 능력도 폼페이 앞에서 좌절합니다. 마을을 안고 있는 순한 표정의 베수비오 화산이 왜 폼베이를 겨냥했을까요. 호화로움과 번성의 한때를 누리던 인간들의 삶이 한 순간의 자연의 분노 앞에 물거품이며 잿더미였습니다. 우리는 아직도 쓰나미의 물결 앞에 무력하기만 하던 인간의 모습을 기억하지요.

이번 여행에서 소재를 이 폼베이로 잡아 한 편의 글을 쓸 수 있었으면 합니다. 글이라도 한 편 쓸 수 있다면 비싼 여행경비의 값에 보답이 되지 않을까요. 아니 아무 글을 못 쓴다 해도 우리는 이미 경비

따위는 잊었습니다.

훗날, 더 이상 여행을 할 수 없는 상황이 왔을 때, 오늘의 여행은 돌아보는 아름다운 추억이 될 것입니다. 그것만으로도 금전으로 계산할 수 없는, 지금의 시간은 소중한 삶의 한 자락으로 쌓여 갈 겁니다.

오후엔 소렌토로 갔습니다. 너무나 많이 알려진 노래 「돌아오라 소렌토로」. 점심시간, 악사와 함께 나타난 어느 남자가 갑자기 노래를 불렀습니다. "오 쏠레미오오…." 그는 귀에 익은 이태리 가곡을 몇 곡 부른 뒤 바구니를 돌렸습니다. 세상에 공짜는 어디에도 없었습니다.

소렌토, 태양의 도시이며 세계의 대 부호들이 모여드는 도시, 칼라스가 머물던 호텔이라고 가이드는 내게 빅토리아 호텔을 가리켰습니다. 지중해의 태양과 바다. 그 산뜻한 공기를 생각해 보셨나요.

소렌토에서 배를 타고 카프리 섬으로 달렸습니다. 코발트빛 바다. 하긴 지중해의 물빛을 처음 본 내게 당연히 그 코발트블루의 바다색 또한 처음이지요. 케이블카를 타고 정상에 올라 멀리 나폴리를 바라보며 아이스크림을 핥았습니다. 아이스크림처럼 달콤한 삶의 시간들, 멀리 바다 위로 그림처럼 흰 배들이 떠가고 유리알처럼 푸른 수면 위에 우윳빛의 보트들이 정박해 있습니다. 다시 한 번 올 수 있을까. 그러기엔 세월이 그리 넉넉하지 않을 듯합니다.

나폴리를 거쳐 로마로 돌아왔습니다. 로마의 유적들은 말하지 않겠습니다. 오드리 헵번도 그레고리 팩도 없는 로마의 '진실의 입' 앞에선 관광객들의 줄은 또 얼마나 길던지….

돌아오는 비행기에선 내리 잠 속으로 빠져들었습니다. 현지에서 산 책들을 들여다본다고 꺼내놓았지만 불가능이었습니다. 그러나 갈 때는 두 권의 책을 읽었습니다. 책을 조금 넣어서 올 때는 무얼 볼까 걱정을 한 것은 기우였습니다.

돌아오니 그 사이 날아 온 수많은 책들이 쌓여 있습니다. 읽어야 할 문자에 기가 질려 동인지만 꺼내보고 말았습니다.

배탈 나지 않고 건강히 돌아와 반갑다는 멜, 감사합니다. 내리 이틀 동안 잠만 잤습니다. 이제 깨어나 일상을 찾아야지요. 돌아올 수 있는 일상이 있기에 여행을 떠날 수 있는 것 아닐까요.

8월 19일

오늘밤은 한 여자 이야길 하려 합니다.

프랑스의 여류 소설가 '조르주 상드', 사람들은 간혹 그녀의 못난 외모와 바람기만을 얘기하기도 했습니다. 난 정말 그녀가 연하의 시인 뮈세와 헤어진 뒤 온갖 남자들을 연인으로 두었으며 한때 쇼팽의 애인이기도 했던 별 볼일 없는 여자인 줄 알았습니다. 그러나 상드만큼 멋진 여자가 또 있을까. 난 오늘에야 그녀의 팬이 되었습니다.

내가 그녀에게 반한 것은 이 구절 입니다.

"산다는 것은 멋진 노릇입니다. 괴로움이 있건, 남편이 있건, 권태가, 부채가, 가족이, 뒷손가락질이 있건, 또 가슴이 미어지는 고뇌와 끈질긴 중상이 있건, 산다는 건 멋들어진 노릇입니다. 산다는 것은 가슴 설레는 일입니다. 행복입니다. 천국입니다."

누구는 그녀를 "여자의 틀 속에 갇혀 지내기엔 너무나 거세게 팽창한 '과잉 생명력'이었다."고 했습니다.

그녀는 정치와 혁명에도 참여한 자유주의자였으며 한 사람의 작가로서 소설, 비평 등 180여 권의 저서를 남겼다고 합니다.

도스토옙스키는 상드의 죽음에 장문의 조사를 써 바쳤고 톨스토이, 니체, 하이네, 스탕달, 발자크, 위고, 들라크루와, 나폴레옹, 마르크스, 고티에까지… 문학, 음악, 미술 등 모든 문화계 인사들과 두루 친교와 사랑을 나누었던 그녀.

그녀가 육십이 다 되어 뒤파미스에게 보낸 편지엔 "나는 그토록 고통을 받았는데도 낙천가 입니다. 이것이 나의 유일한 미덕인지도 모릅니다."라고 썼답니다. 그리고 그녀는 늙어서도 계속 소설과 일기를 썼다고 합니다.

그녀가 할머니가 되었을 때에도 그는 숲 속을 뛰노는 어린아이들을 보며 "아아, 하나님 인생은 얼마나 아름다운 것입니까. 사랑하는 사람들이 모두 생생히 뛰어다니고 있습니다."라고 외쳤다고 합니다.

그리고 작가는 상드를 이렇게 회상합니다. "작품보다 먼저 인간에 대한 사랑 속에, 다음에는 인민에 대한 사랑 속에, 끝으로 손자들과 자연에 대한 사랑 속에 절대를 탐구했던 '영원한 20대의 남자' 조르주 상드"라고….

뮈세 역시 상드에 대한 사랑과 이별의 고통으로 인해 수많은 작품을 썼으며, 쇼팽 또한 「녹턴」「빗방울」 등 불후의 명곡들을 상드와 사랑하며 작곡했다고.

사람들은 그녀의 별스럽지 않는 미모를 말하지만 겉모습이 아닌 또 다른 풍부한 매력을 지녔기에 모두 그녀를 사랑하게 아닐까요.

사랑이 그녀를 행복하게 했는지, 행복해 하는 성격이 많은 이들로 하여금 그녀를 사랑하게 했는지 알 수는 없지만, 그녀는 늘 사람을 사랑했고, 자신의 삶을 사랑하며 살았다는 것입니다. 난 오늘에야 '조르주 상드'라는 멋진 여인에게 반하고 말았답니다. 책장을 뒤져보니 언젠가 상드에 관한 간단한 얘길 읽기도 했었습니다. 그런데 우스운 건 그땐 그녀를 그냥 스치듯 읽고 말았다는 겁니다.

2005년 11월 3일 목요일

뒷산을 다녀왔어요.

5월에 내리던 꽃비 대신 11월의 낙엽비가 어깨 위로 머리 위로 쏟아져 내렸어요. 하얗게 아카시아 꽃이 떨어졌던 길 위로 누런 아카시아 잎들이 쌓여있었답니다. 꽃향기 대신 눅눅한 낙엽 냄새가 났어요. 떨어진 꽃잎을 주워들었듯, 떨어진 낙엽 한 잎 주웠습니다. 물기 없이 마른 채 달려 있는 싸리나무의 잎들을 훑어 코에 대고 냄새를 맡아보았지만 생명이 사라진 그것들에겐 아무 향내도 나지 않았습니다.

"서리 맞은 단풍이 오뉴월 꽃보다 더 붉다"라고 했지요. 나무들은 모두 버려야 한다는 걸 알기에 마지막 또 한 번의 꽃을 피우는 것이 단풍인지도 모릅니다. 이제 생이 끝나고 돌아가야 한다는 걸 알기에 마지막 정열을 불태워 사랑을 하느라 붉게 물들었는지도 모릅니다. 그 모습이 아름다워 나는 느릿느릿, 그러나 춤추듯 가볍게 산길을 걸었습니다.

이제 울지 않습니다. 내 안에 있는 당신과 많은 이야길 하느라 혼자 웃으며 걸었습니다. "보세요. 한 생을 마치고 돌아가는 것들의 모습이 아름답지 않나요?" "어머나! 이 뱀딸기는 어쩌자고 봄에 안 피고 이제야 홀로 피었을까요." "이 향유가 올해 이 산이 피우는 마지막 꽃이겠지요." 나는 생중계하듯 그런 수다를 당신과 떨고 싶어 모바일 폰을 만지작거렸습니다.

12월 8일

오랜만에 겨울 산에 갔습니다. 자신의 몸통에서 물을 내리고 잎을 떨어내고 '겨울나기'를 준비한 나무들은 의연히 서 있었습니다.

푸르름이 사라진 빈산을 오르며, 겨울 산을 닮고 싶다는 생각을 합니다. 산은 지난 계절 피워냈던 생명들을 거두어 안으로 품은 채 의젓이 겨울을 맞고 있었습니다. 다시 따스한 봄이 오면 푸른 꽃다지를, 분홍 진달래를, 노란 애기똥풀 꽃을, 품었던 생명들을 조용히 다시 피워 낼 것입니다. 비었으나 내면 가득 생명을 안고 있는 겨울 산.

내 안에도 그렇게 많은 것들을 조용히 품었다가 글로 토해 낼 재주가 있다면 얼마나 좋겠습니까.

2006년 1월 6일

나는 울었다.

광주에 살고 계신 김향자 선생께서 두 번째 수필집 『나도 시 써놓은 것이 있는디』를 보내오셨다. 첫 수필집 『개미의 발을 밟았어요』를 읽고 이미 그분의 성품과 인품을 잘 알고 있었다.

딸아이가 들어오면서 우편함에서 꺼내 온 책을 받아들고 소파에 앉아 봉투를 뜯은 뒤, 그 자리에서 다 읽었다.

수필집 제목은 세수 90이신 친정어머니가 87세 때 쓰신 시의 제목을 그대로 붙였다. 그 어머니와 자신의 남편과 아들·딸 이야기, 장애아 제자들에 대해 쓴 글모음이다. 특별히 톡톡 튀는 문장도 문학적 은유도 없는 글인데, 그 진솔하고 아름다운 향기에 끌려 한 편 한 편에 빨려들 듯이 읽었다. '요즘 세상에 그런 가족이….'라는 정교수의 말처럼 그분은 '위대한' 딸이며 어머니며 아내며 스승이었다.

나는 어떤 딸이며 어떤 어머니인가? 자신에 대한 부끄러움으로 책을 덮으며 눈을 감았다. 그런데도 안경 아래로 눈물이 주룩 흘러나왔다. 아마 조금 전 늦게 들어 온 딸아이에 대해 잔소리와 야단을 친 내 안의 감정 때문에 더 했을 것이다.

근래에 붙여온 여러 권의 수필집들 가운데 나를 울린 건 문학적 향기가 짙은 글보다 인간적 진실이 묻어있는 김향자 선생의 글이었다. 수필의 특성은 무엇이며 무엇이 감동을 줄 수 있는가. 다시 한 번 생각해 본다.

1월 16일

소한이 지났고, 대한이 아직도 나흘이나 남은 한겨울.

오늘 뒷산 길은 촉촉이 젖어 있었다. 엊그제 내린 약간의 비로 인해 낙엽들이 습기를 품고 있어서일까. 바람 한 점 없는 눅눅한 겨울 공기에 봄기운을 느낀다. 수북이 쌓인 낙엽을 들치면 잠을 깬 푸른 촉이 살짝 숨어있을 것만 같았다.

난 오늘도 산속을 걸으며 그들에게 말을 걸었다.

'너희들이 없다면, 언제나 제자리에 서 있는 나무들아, 이 겨울에도 살아있는 푸른 이끼들아, 지난 가을 은빛으로 빛났던 빈 갈대들아, 멀리서 묵묵히 서 있는 인수봉의 산봉우리들아, 사람에게 상처받은 가슴은 한겨울에도 이리 확확 달아오르는 것을, 너희들이 없다면 난 발걸음을 어디로 향했을 것이냐. 언제나 그 자리에 그대로 있어주는 고마운 산. 늘 말없이 위로를 주는 산속의 고마운 생명들아.'

2월 7일

밤새 하얗게 눈이 내렸다.

2월 9일

충무로에 갔다가, 갈 때부터 망설였다 영화를 볼 것인가. 말 것인가. 볼일은 일찍 끝났고 난 영화관으로 들어갔다. 낮 시간이라 주부들이 많다.

『게이샤의 추억』 1930~40년대, 게이샤로 지낸 한 여인의 실화를 '아서 골든'이라는 작가가 9년에 걸쳐 쓴 소설이 원작이라 했다. 소설과 영화를 모두 본 박 선생의 평이 영화가 '영 신통치 않다'라는 거였다. 일본이 배경인 영화를 할리우드사에서 제작한 것인 만큼 엉성하다는 평과 함께, 그런데 영화가 끝날 때 옆자리의 어느 여인은 울더라는 얘기를 했다. 그 대목에 난 마음이 솔깃했다. 어느 여인이 울었던 영화. 그럼 나는. 나는 울게 될까 안 울게 될까.

가난 때문에 팔려온 어린 '치요' 그는 어느 날 거리에서 우연히 會長(와타나베 캔)의 친절을 받으며, 그 한 순간에 그를 사랑하게 된다. 사랑이란 그렇게 순간에 불꽃처럼 피어나는 것이니까.

그를 만나기 위해 게이샤를 택한 치요. 그의 이름은 이제 어린 '치요'가 아닌 한 사람을 가슴 깊이 품고 있는 '사유리(짱쯔이)'다. 그러나 게이샤는 '살아있는 예술작품' 누구의 아내도 애인도 될 수 없다.

영화의 내용은 게이샤로서의 갈등, 예술가로서의 고뇌가 아닌, 사랑을 향한 한 여자로서의 갈등과 시기들이다.

한 게이샤로서의 예술과 자신의 세계에 대한 고뇌를 깊이 있게 그렸더라면 좀 더 감동이 오지 않았을까. 그러나 감독의 포커스는 예술영화가 아닌 러브스토리를 찍으려한 것이니까. 영화는 한 여인의 사랑이야기다.

한 사람을 가슴에 품으면 평생을 희망으로 살아갈 수 있는 게 여자다. 사랑을 잃는 순간, 살아야 할 희망을 잃는 것이 여자다.

울었다는 어느 여인은 아마 아직도 가슴에 식지 않는 사랑 한 자락 품고 있을 것이다.

나도 울었는지 안 울었는지는 말하지 않겠다. 내 옆자리에는 아무도 없었으니까. 내가 눈물 한 자락 흘렸는지 안 흘렸는지는 아무도 모를 것이기에….

알려진 중국배우들이 하는 일본 게이샤의 연기가 아쉬움을 주었다. 일본 배우가 주연을 맡았더라면 좀 더 일본적 느낌을 주었을 텐데, 하는 아쉬움.

2월 18일

선생님 그곳에선 제가 보이시나요. 전 선생님이 보이지 않아요. 이젠 선생님을 볼 수가 없는 건가요. 정말인가요. 정말 떠나신 건가요.

아시지요. 아시지요. 선생님. 선생님이 안 계신 지금 제 맘이 어떠하리란 걸, 아시지요.

선생님을 만난 지 십 년의 세월이었습니다. "친구란 나이와 성별과 직위와 모든 것들을 초월해서 되는 것입니다."라고 말씀하시던 그 해 여름으로부터 어느덧 십년의 세월이 지났습니다. 그리고 이제 선생님은 제 곁을 떠나셨습니다.

참 많은 공통분모를 가지고 있다고. 모든 안 좋은 것들은 다 선생님을 닮았기 때문이라고 억지를 쓰기도 했지요. "선생님 다리가 팔이 아파요" 라면 "내가 그때 그랬어. 그런데 이렇게 하니 괜찮았어." 라고 하시기도 했고, 그럴 때마다 또 선생님을 닮았기 때문이에요. 라고 했고 "왜 하필 나를 닮았노"라고 웃으셨지요. 선생님이 아니면 누구와도 할 수 없는 이야기들, 선생님 우린 참 잘 통하는 친구였지요.

선생님은 떠나가셨지만 많은 추억들이 있는 한 선생님과 함께 있음을…

수강생들과 함께 가셨던 아름다운 곳은 제게도 보여 주고 싶어 하셨고, 좋은 것들은 주고 싶어 하셨지요. 오래 전 일입니다. 늘 소화기 계통이 안 좋은 저를 친정아버지처럼 걱정하셨지요. 약국 문을 밀고 들어가 약사와 상의를 하셨고, 병원도 함께 가자고 하셨지요. 언젠가는 “낼 종로에 가봅시다”라고 하셨지요. 헛개나무가 위장에 좋다고 하기에 그걸 사러 종로에 가셨다가 못 사고 오셨다고 다음에 같이 가보지 않겠냐고 하셨지요. 그때 저는 “그거 친정에서 보내준 게 집에 무지 많아요.”라고 별스럽지 않게 대답하고 말았었지요. 떠오르는 일들이 한두 가지이겠습니까.

하루는 서점에 갔었지요. “내가 꼭 읽고 싶은 책이 있는데 눈이 피곤해 이젠 못 읽겠어, 대신 해자 씨를 읽어보게 하고 싶어서”라고 하시면서 사주신 책은 진중권의 『미학에세이』였습니다.

어느 종교, 어느 사상에도 매이지 않으셨던 분, 아니 모든 걸 다 수용하셨지요. 자유로운 사고를 지니셨던 분이지요. 관념, 인습, 도덕까지도, 모든 것으로부터 늘 자유롭고자 하셨던 선생님, 드디어 모든 것들로부터 해방되셨음을 압니다. 이젠 자유로우시겠지요. 그런데 저는 왜 이리 가슴이 메어질까요. 아시지요. 이젠 저 혼자 때때로 많이 울 것이란 것을요.

고맙다고 하셨지요. “오랫동안 친구가 되어줘서 고맙습니다.”고 하셨지요. 그러나 선생님이 안 계셨다면 저는 누구에게 모든 속내를 말하고, 때론 투정을 하고, 때론 응석을 부렸겠습니까. 선생님이 계셔서 감사했습니다. 오랫동안 나의 선생님. 나의 친구가 되어주셨음을 감사드립니다. 이제 삶의 권태와 허무와의 싸움에서 자유로워지십시오.

왜 이리 마음 한구석이 텅 빈 듯 할까요. 아시지요, 선생님. 지금 제 맘이 어떠하리란 것을.

선생님은 먼저 가신 친구 분들을 보내고 오신 뒤 늘 말씀하셨지요. "이제 해방이구나, 라는 생각이 들어" 라고. 이제 해방되신 건가요. 평생을 싸워 오신 인간의 근원적 고독, 삶의 허무와 권태. 세상의 인연. 이제야 그 태생적인 허무기질로부터 벗어나 그물에 걸리지 않는 바람같이 되셨나요? 모든 것으로부터 해방, 드디어 자유로워지셨군요. 그곳은 자유로움만 있는 곳인가요?

계신 곳이 달라도, 선생님과 함께했던 많은 시간들은 사라지지 않을 것입니다. 나의 멘토, 나의 선생님, 나의 보호자, 나의 친구였던, 선생님 이젠 안녕히….

3월 11일

흰 싸리꽃 나무에 연둣빛 움이 잔뜩 달렸다.

3월 14일

마음을 움직이는 달, 연못에 물이 고이는 달, 한결 같은 것은 아무것도 없는 달, 바람이 속삭이는 달, 하루가 길어지는 달, 강풍에 죽은 가지 쓸어가 새순 돋는 달. 개구리의 달.

인디언들이 부르는 3월의 이름이라 합니다.

바람이 속삭이는 달에 웬 꽃샘추위와 흰 눈발은 또 뭐란 말입니까. 하긴 삼월이 어디 순하게 오던가요. 늘 한 무리 추위가 미련을 못 버리고 뒤돌아보고 가지 않던가요.

엊그제 파랗게 돋아나던 싸리꽃나무의 새순이 어찌 됐을까 걱정이 되어 오늘은 뒷산엘 갔지요. 돌나물도 꽃다지도 쑥도 무슨 일이 있었냐는 듯한 표정을 짓고 있었습니다. 찔레는 불그럼 새순을 물었고, 개나리도 노란 꽃잎을 물고 있었습니다.

꽃샘바람도 자연이고 그 푸른 새싹들은 자연이란 걸 몰랐습니다. 자연은 자연스럽게 비가 와도 바람이 불어도 때가 되면 돋아나고 때가 되면 사라지는 것들이라는 것을요. 인간도 자연이지요. 비가 오기도 하고 바람이 불어오기도 하고. 그래도 의연한 고 작은 생명들처럼 의연하리라 생각하며 산길을 걸었습니다.

3월 31일

삼월의 마지막 날, 웅덩이에 올챙이알 생기다. 까만 깨 같은 눈들을 달고 뭉실뭉실 뭉쳐 있었다. 이 땅에 새 생명들이 태어난 것이다. 그러나 알 수 없다. 끝까지 살아 날 수 있으려는지. 모든 세계에 끝까지 한 평생을 살아남기가 쉬운 것이 아니란 걸.

씀바귀를 캐었다. 제비꽃 한 송이 피었다. 진달래도…

4월 14일

올챙이 깨어나다.

돌멩이에 까맣게 붙어 꼼짝도 않는 놈들과 꼬리를 살래살래 흔드는 놈들. 드디어 까만 눈만 있던 놈들이 꼬리를 달고 태어나다.

애기똥풀 꽃 피다. 낼 모레쯤이면 양지쪽엔 노란 꽃들이 제법 피어날 듯.

그렇게 계절이 오고 그렇게 시간이 흐르고 있습니다. 이 시간 당신은 어디에서 무얼 하나요?

4월 20일 (메모)

여성문예원 주관으로 실시한 문학기행을 다녀왔다.

강촌의 구룡폭포와 문배마을 강촌역에 내려 사진을 찍고 김유정문학관에 들렀다. 비 오고 바람 부는 궂은 날씨였지만, 왠지 기분은 푸근했다.

차창 밖으로 지나는 산들은 연두의 파스텔이 짙어졌고 먼 산의 진달래와 산 벚꽃은 분홍을 띠었다.

…잘 먹고 잘 노는 사람들. '기사 아저씨 집에 가기 싫어요. 천천히 운전해 주세요.'라는 주문은 모든 이들의 마음일까… 사랑노래를 일색으로 부르고 해는 지고. 하루가 가고 봄날도 간다. 그리고 우리들은 일상으로 돌아가 빨래를 개키고 저녁 설거지를 하고 아침준비를 하고 늦은 시간까지 책을 보는 일상으로 돌아가리라.

5월 14일

아카시아 꽃 피기 시작. 난 감기. 며칠째 산에도 못가다.

6월 5일

그놈의 영화 「다빈치 코드」 때문에 점심도 굶었다. 볼일을 보고 매표소 앞에 도착했을 때 이미 12시 30분이었다. 11관 상영시간은 12시 30분. 1시 30분 상영도 있었으나 나는 시간을 아끼기 위해 점심도 굶고, 팝콘 한 봉지를 사들고 12시 30분 상영관으로 들어갔다.

지난 18일 전 세계에서 동시 개봉되어 우리나라에서도 인기리에 상영되고 있는 영화.

아, 줄거리는 이야기하기 싫다. 난 또한 '톰 행크스'를 별로 좋아하는 체질이 아니다. 젊은 애들은 소설책으로 부지런히도 읽두만, 책을 보지 않았기에 영화로 때우고 말자고 한 것이 역시 내 체질은 아니었다. 난 아직도 멜로를 좋아하지 스릴러물이나 호러나 미스터리물은 좋아하지 않는다.

인구의 2%밖에 기독교인이 없다는 파키스탄에서는 이 영화가 상영금지가 되었다고 한다.

영화는 영화일 뿐, 영화는 하나의 예술이 아닌가.

예술이란 무엇인가. 관념의 틀을 깨고 새로운 것을 창조해 내는 것. 예술에서 상상이 없다면 우리는 무엇으로 숨을 쉬고 살 것인가. 빵만으로 사는 것이 사람이 아닐진대. 기독교인인 나는 이 영화를 하나의 예술의 한 장르인 영화, 상상력을 불러일으켜 감상자를 즐겁게 하는 하나의 영화로 받아들였다.

소설을 쓴 댄 브라운은 얼마나 천재이며, 영화를 만든 론 하워드 감독 멋진 연기를 하는 '톰 행크스' '오두리 투투' '장 르노' 모두 얼마나 멋진 사람들인가. 영화는 영화일 뿐. 그것을 두고 종교계에서 상영금지를 운운한다는 건, 영화를 보는 우리의 수준을 우습게 보는 것 아닌가. 별것도 아닌 걸 보느라고 공연히 점심만 굶은 오늘은. 좀 시간이 아까웠을 뿐. 시간이 금이라 했거늘….

8월 28일

수필을 두고 치열하지 못했습니다. 소극적인 제 성격 탓이기도 하고, "내 삶으로 꽃 피운 글"이라는 수필 앞에서 자신이 없기 때문인지도 모릅니다. 그래서 수필쓰기는 늘 제게 힘겹습니다. 매어있는 듯 숨이 막히고, 놓여날까 봐 불안하기도 합니다. 이제 뒤돌아보며 부끄러워집니다. 좀 더 치열해야 했었고 이제 서둘러야 할 때 같습니다. 서두른다는 말이 또 우스워 집니다. 서둘러서 욕심으로 탄생하는 글이 아니라. 비움으로써 깨달음으로써 모두 놓아버림으로써 탄생되는 글을 두고 말입니다. 그러나 이젠 겸손히 서둘러야 할 때이며 치열해야 한다고 다짐을 합니다. 치열함 속에서 깨어지고 내버리며 영혼이 성숙한 향기 나는 글을 쓰고 싶습니다.

8월 29일

'…트롤' 쓰신 것 중 무엇이 자신 없으신가요. 오슬로에서 처음 들른 곳이 왕궁이라 하셨는데… 저는 첫날, 바이킹 박물관과 조각공원, 칼 요한 거리. 중식 후 미호사 호수도 지나며, 릴레함메르에 들러 20분 휴식을 주기에 얼른 스키장을 리프트를 타고 한 바퀴 돌아왔고, 6시간가량 걸려 돔보스에 도착했었어요. 코스가 틀리기도 하겠지요. 전 산악열차를 타지 않았어요. '뮈르달'을 들르지 않고 브릭스달에서 베르겐까지 버스로 여러 시골 마을을 지나며 계속 달렸어요. 가이드는 마을을 지날 때마다 그 곳에 대한 소개를 했어요.

오슬로에서의 첫날 메모지를 잃어버렸어요. 김이 빠져서 다음날부터 메모하기가 싫어지더군요. - 베르겐의 인구가 21만이든 24만이든(저는 24만으로 메모되어 있어서) 무슨 큰 상관이 없을 것이고, 덴막과 스웨덴의 통치하, 2차 대전까지의 역사 등. 자료조사하셨을 테고…. 어떤 것들은 다녀오신 여행사에다 전화를 걸어 물어봐도 되던데… 항상 여행기를 누가 김 선생님처럼 이렇게 잘 쓸 수 있겠어요. 훌륭하세요.

※체험+느낌+인생에 대한 의미부여+흥미(감동)=좋은 수필

일행 중, 세계여행을 거의 다했다는 어느 여자는 계속 투덜대더군요. 별 볼 것도 없는 노르웨이에서 4박5일은 너무 지루하다고… 저도 그렇게 단순하게 살고자(그 여자와 무엇이 다르겠냐만… 내 인생에 단 한 번 밖에 밟을 수 없는 길… 따위의 생각조차 버리고) '바이킹 트롤' 몇 개만 샀을 뿐이에요. 트롤이 우리나라의 도깨비와 같다고 하지요. 맘에 들

면 돈을 쏟아내어 부자가 되게 해 주고, 맘에 안 들면 재산을 앗아 간다고 하더군요.

꿈을 꾸다 온 것처럼. 모든 것이 그 사이 다시 그리워지는군요.

'복지천국보다 생동적인 면이 좋은 취향…ㅎㅎ….'

누가 노르웨이의 '최고의 복지'를 싫어하겠어요. 더구나 저처럼 서울 변두리에 집 한 칸 가지고 겨우 살다가, 자고 나면 부동산이 오르는 이 나라에서, 어느 날 내가 극빈층으로 전략해 가는 것은 아닐까. 노후에 우리는 무얼 먹고 살까.

내 무의식의 불안 중에 한 요소로 작용하고 있을 거예요. 아니 가장 큰 요소겠지요. 도대체 이재엔 까막눈이고, 모든 걸 감상적으로만 해석해 버리는 제가, 자본주의 국가의 경쟁 속에 살기엔 너무 벅차지요. 경쟁 속에서 살아낼 자신이 있고 그렇게 약다면, 가장 작은 일인 운전부터 해서 세상 사람들 속으로 겁내지 않고 다닐 수 있었겠지요.

제가 말한 것은 인간의 기본적인 심리와 '복지국가'라는 제도에 대해 생각해 본 것이에요. 복지 천국에서도 한때는 자살률이 높고(지금은 우리나라가 하루가 멀다고 가슴 아픈 뉴스를 듣게 되지만). '요람에서 무덤까지'가 영원히 지속되려면 공급이 수요와 맞아 떨어져야 되지 않나요.(표현이 맞는지 몰라도) 천연자원 또한 영원히 무한하다고 볼 수 있나요. 지상최고의 복지국가였던 스웨덴이, 이젠 천연자원을 가진 노르웨이보다 GNP가 떨어지고, 몇 가지의 연금들이 사라졌다고 하더군요. 일하지 않아도 실직연금을 받고, 남보다 많은 일을 하더라도 많은 세금을 내어버려 노력한 만큼의 부를 누리지 못하게 되자, 고급 인력이 나라를 떠나게 되고… 그것이 천연자원이 없는 스웨덴의 경제에 타격을 가져오고… 인간의 본성이 무엇일까 생각했어요. 경제를 위하여 인간의 본성을 이용하자는 것. '보이지 않는 손'에 의해 목표를 달성할 수 있게 되고, 사회나 국가의 이익을 증진시킨다는 것, 바로 인간의 이기심을 이용하자는 것 아닌가요. 그런 인간의 근본 심리를 생각해 볼 때 복지국가가 과연 영원할 수 있겠는가, 하는 생각이 들었다는 것이지, 복지국가가 싫어 사흘이면 족하단 얘기가 아니지요. 저처럼 무능한 사람이야 말로 평등한 사회. 특히 노후를 걱정하지 않아도 되는 사회가 절실한 것 아니겠어요.

그 그림 같은 시골에서 살라면 숨통이 막힐 것이란 생각은 다른 차원이지요.

3, 4일씩 현관 밖을 나가지 않아, 쓰레기조차 못 버리는 제가, 아무도 만나지 않으며 홀로 이렇게 몇몇일 씩 집안에 박혀 있을 때 가장 편안함을 느끼고, 홀로 놀고, 홀로 외출하여, 홀로 볼일 보고, 홀로 돌아오는 자폐기가 있는 제가, 무인도에 사는 것과 무엇이 다르고, 깊은 산속에 사는 것과 무엇이 다르다고. 적막한 시골은 사흘이면 족하다고 하는지, 아이러니지요. 그러나 그러기에 더욱 적막함을 두려워하는 것 아닐까요. 자신만으로도 고독한 섬 같아서 그래서, 더욱 생동감을 느낄 수 있는 것들 속에서 있어야 외로움이 감소되는 느낌을 받는다면, 그래야 군중 속에서 계속 혼자 편안히 외로움조차 견디며 잘 지낼 수 있게 되는 것임을… 글쎄 글로 설명하기가 재주가 모자라네요. 이해가 되시려는지요.

공연히 사설이 길어졌네요. 어느 누가 제게 노르웨이에 와서 사흘이라도 살라고 할 것이라고. 쯧쯧…

9월 12일

6월부터 가지 못하던 산을 근 3개월 만에 갔다.

이미 사람들은 많이 다니고 있었고. 오랜만에 운동을 한 탓인가.

몸살기가 있다. 여름내 기운이 무성했을 푸른 것들이 한풀 기가 죽었다. 올 가을 유난히 향유가 많이 피어 날 것 같다.

11월

유난히 비가 오지 않은 한 해. 가뭄으로 인해 향유도 여뀌도 올해는 꽃을 보지 못하고 가을이 갔다. 단풍도 비가 적절히 오지 않아 곱게 들지가 않았다고 한다.

나 역시 가뭄으로 푸석푸석 흙먼지가 바지 뒷단에 뽀얗게 붙는 게 싫어 산을 가기가 망설여졌다. 모든 것이 자연의 오묘함 인간능력의 한계를 실감케 한다.

11월 14일 화요일.

내 아들 '김성록, 군 입대'

오늘 내 애인이 군 입대를 했다.

아주 오래 전, 난 애인이나 오빠가 군대에 가 있는 친구들이 부러웠었다. 오빠가 없던 난 '군인 면회'란 단어가 왜 그리 가슴을 설레게 하던지. 그 후, 삼십 년이 지나서야 난 드디어 떨리는 가슴으로 '면회'란 것도 가 볼 수 있게 되었다.

난 어디론가 떠나고 싶을 때, 이제 애인을 만나러 면회도 갈 것이다.

난 그놈이 애인인 걸 미처 알지 못했다. 그 놈이 내 곁에서 잠시 떠나 입대를 하게 되었을 때 그가 내 애인임을 깨달았다.

내가 좋아하는 공연을 보러갈 때, 남편이 사정상 함께 못 가게 되면 난 대타로 그를 데리고 갔다. 그리고 우리는 늦은 시간에 세종문화회관 옆 식당에서 난 우동을 먹고, 그는 치즈돈가스를 먹고 돌아오기도 했다. 그리고 가끔 난 외출한 그에게 내가 필요한 무엇을 사오라고 시키기도 하고, 무엇이 필요하냐고 전화를 걸어 묻기도 한다.

정말 난 먹기 싫은데도, 언제나 막무가내로, 내 손을 꼭 붙들고 내 입에 먼저 넣어주고 먹는 아들. 제 앞에서 청소기를 밀면, 난리가 나는 아들, 난 그 아들이 한 청소가 맘에 들지 않아 아들이 안 볼 때 몰래 다시 걸레질을 하기도 한다.

그 아들이 오늘 부대에서 첫날밤을 보내고 있다. 아침형 인간과 거리가 먼 나를 닮아, 올빼미형인 아들이 오늘은 이 시간에 잠이 들었는지 모르겠다.

내 아들이 지키는 나라, 이 거룩하고 소중한 땅에서 내가 할 일은 함부로 쓰레기를 버리지 말 것, 질서를 지킬 것, 자연을 훼손하지 말 것…. 제발 정치하는 분들이 국민을 위한 똑바른 정치를 해줬음 좋겠다.

"그게 내 첫사랑인데… 하필 이렇게 추울 때 군대를 가다니. 내가 가슴이 아리다"라고 친정엄마가 울먹일 때도, 난 울지 않았던 것은 아직 실감이 나지 않아서였으리라. 이제부터 왕만두를 사면서 눈시울이 젖어오기도 할 것이고, 아들이 좋아하는 돼지고기 김치찌개를 끓이면서 가슴이 젖어들지도 모른다. 그러나 나는 믿는다.

"나의 하나님, 아들의 하나님, 성록이가 국방의 의무를 잘 마칠 수 있도록 몸과 마음을 튼튼하게 하여주시고, 끈기 있고, 강하게 하여주시리라 믿습니다."

11월 21일

성록 옷 도착 --9사단

2007년 1월 9일

흰 눈이 쌓인 산길을 걸으며, 눈이 오면 쌓이지 않도록 눈을 치워야 한다는 이병 아들을 생각한다.

겨울 산의 고요, 일기예보와 달리 바람 한 점 없는 산속입니다. 겨울나무의 잔가지 하나조차 미동 없는 이 포근하고 햇살 맑은 아름다운 겨울 숲 속에서.

나는 누군가와 이야기 하고 싶었습니다. 가끔 째에르 짹. 이름을 알 수 없는 산새의 울음만이 들릴 뿐, 너무나 고요한 숲속을 혼자 거닙니다.

아름다움이 무엇인지 생각합니다. 삶이 감사합니다. 나도 하나의 자연이 되고 싶습니다.

3월 27일

뒷산 진달래 피기 시작하다.

4월 4일

올챙이 부화한 놈들이 생겨났다. 진달래 활짝, 개나리 지천.

꽃다지 꽃 피기 시작하다.

※여기서 그녀, 유해자님의 일기는 이어지지 않고 있습니다.

추모하는 글

김녕순 엉뚱한 말 하더니

김종섭 어찌 하오리까

김민정 '엄마'의 소중함, 이제야 알겠어요

추모하는 글

엉뚱한 말 하더니

김녕순(목우회 회장)

이렇게 훌쩍 떠나가려고 작년에 「Try To Remember」를 컬러링으로 선물해 달라며 졸라댄 것일까.

이제는 울리지 않을 휴대폰 속의 노래일지라도 우리가 어찌 그대를 잊으리오. 잘 가거라 해자야.

병마도 없고 고통도 없을 그곳에서 편안히 지내기 바란다.

'해자야!' '유해자야!'

남의 이름을 이렇게 불러본 적이 없는데, 지금은 이렇게 불러봅니다. 30살짜리 친구에게도 반말을 아니 했는데 '유해자'라는 이름만은 오늘 처음으로 이렇게 불러봅니다. 다른 어떤 친구도 동창생 외에는 이렇게 부르지 않으렵니다.

젊은 친구가 병명도 모른 채, 병원을 전전하다가 훌쩍 떠나버렸습니다. '구정 연휴에 119도 타 보고, 앰뷸런스도 타 봤어요'라며 밝은 웃음과 함께 웃기려는 투로 말하더니 가버렸습니다.

겨우 겨우 51살에 가족과 친구들을 남기고 엉뚱한 차를 타고 가버렸다니까요.

“저, 금년 못 넘기려나 봐요.”

“저 없으면 심심해서 못 사시죠?”

엉뚱한 말하더니, 가버렸습니다. 이렇게 갈 줄 알았더라면 까불어도 더 너그럽게 받아주었을 것을….

2008년 2월 14일 새벽 3시, 51세의 젊음을 안고 어디론지 가버렸습니다.

봄 햇살 같아서 주위를 환하게 밝혀주던 문우여,

우리는 당신의 그림자를 그리며 모두 눈물짓습니다.

추모하는 글

어찌 하오리까

김종섭(남편)

어찌 하오리까
어이 하오리까
하늘이 무너져 내리고
땅이 꺼지고
온 세상이 암흑으로 변하여
한 치 앞을 내다볼 수가 없습니다.
주여!
어찌 제게서 제 아내를
이렇게 데려갈 수 있단 말입니까
참으로
원망스럽습니다
억울합니다.
주여!
제게 어찌 이렇게 큰 아픔과

이렇게 큰 슬픔을 주시나이까
참으로 견디기 힘드옵니다
원통스럽기 그지 없습니다
주여!
제게 힘을 주십시오.

여보!
당신이 우리 곁을 떠난 지도
어느덧 4개월여 되었구려
비록 검은머리 파뿌리가 되도록
해로하지는 못했지만
우리의 영혼만은 백년천년을
함께 할 것이라 믿으오.

25년 동안 쌓여온
우리의 은은한 정과
당신의 따뜻한 체온을
어찌 잊으리오

부디 아늑하고 따뜻하고 고통 없는 곳에서
영면해 있으리라 굳게 믿으며
저세상에서 다시 만나리라 기대하오.

추모하는 글

'엄마'의 소중함, 이제야 알겠어요

김민정(딸)

'엄마'라는 단어가 이렇게 소중하고 간절한 말인지 몰랐습니다.

엄마는 다른 사람들보다 더 여려서 내가 정말 많이 속상하게 해드렸는데 이제 와서야 '더 잘 해드릴 수 있었는데…'라고 후회가 됩니다.

난 어렸을 때부터 엄마를 많이 속상하게 했습니다. 엄마가 힘들어할 때도 힘이 못 돼 드렸습니다.

어렸을 적, 항상 엄마랑 다투고 방안에 들어와 가만히 앉아선 '내가 왜 그랬을까, 그렇게까지 화를 내지 않아도 됐었는데 왜 그랬을까…' 하고는 후회를 했습니다. 그러고 나면 엄마한테 항상 미안한 마음이었지만 엄마가 먼저 말을 걸어주고 화해신청을 했었습니다.

엄마한테 미안하다는 말을 제일 많이 해야 할 것 같습니다.

…엄마, 엄마가 여행 떠나고 얼마 안돼서 강아지 한 마리를 사왔어요. 이름은 '도리'라 지었어요.

엄마는 강아지 키우는 것이 힘들다고 반대하셨지만 지금의 저로서는 '도리'에게 정을 주면서 엄마가 떠나신 그 빈자리를 대신하고 있어요. 저는 '도리'를 엄마 대신이라 생각해요. 그만큼 소중하게 대할 거고, 그 동안 엄마에게 못 해줬던 따뜻함, 이제 새 식구가 된 '도리'에게 사랑으로 대하고 사랑으로 키울 거예요. 그러니까 엄마도 이해해줘요~.

엄마! 엄마는 다른 곳에서 지금 잘 지내고 있지요? 오빠와 저는 아빠와 함께 각자 자기 위치에서 열심히 살 게요. 열심히 살고 열심히 일하고 열심히 놀고… 엄마는 그런 우리를 항상 응원해주고 지켜봐 주세요. 엄마도 행복했으면 좋겠어요.

우리 가족은 셋이 아니라 항상 넷이에요.

참꽃의 미학과 향기

-유해자의 수필세계-

鄭木日

(수필가, 한국문협 수필분과회장)

수필가 유해자를 생각하면 마음이 시리다.

'목우회'란 수필 공부방이 있어 목요일마다 모이길 몇 해나 지내면서 회원들은 가족처럼 정다운 사이가 되었다. 서로 글을 발표하고 문우들끼리 감상평을 주고받는 공부를 해오면서 수필을 알아갔다. 차츰 인생의 발견과 의미를 체득하며 동인들끼리 마음마저 알게 되었다. 알게 모르게 정이 들었고, 일주일이 넘어 얼굴을 보지 못하면, 안부가 궁금해지고 그리워지기까지 했다.

수필은 인생을 담는 그릇이다. 수필공부란 인생연마와 삶의 성찰을 통한 인생 발견이자 가치의 창출이다. 신이 아닌 인간은 완벽에 달할 수 없다. 수필 쓰기는 완벽하지 못한 인생에 '의미'라는 꽃을 피워보려는 노력이다. 좋은 수필은 좋은 인생에서 생겨나는 것임을 알고, 먼저 맑고 깨끗한 마음을 갖길 원했다. '목우회'는 수필 쓰기만을 위한 모임이 아니었다. 등단을 한 지 10여 년이나 지난 분도 있고, 70대 중반의 수필가와 초보자가 함께 어울려 있었다. 아예 수필 한 편 내지 않지만, 이런 시·공간이 그저 좋아서 몇 년째 나오고 있는 분도 있었다.

수필가 유해자는 '목우회'의 꽃이었다. 그가 있으면 분위기가 살아났다. 잘 웃고, 해학이 넘치고 정겨웠다. 70대 중반의 김녕순 회장과 농담을 주고받는 허물없는 사이가 돼버린 것은 유해자만이 갖는 친근감과 인간성의 깊이가 아닐까 한다.

2008년 초에 수필교실에 모인 회원들은 청천벽력과 같은 비보에 가슴이 무너지는 듯했다. 수필을 지도하는 필자로선 너무나 큰 충격에 말이 나오지 않았다. 공부를 마치고 우리는 다 함께 고려대학병원 영안실로 문상을 갔다. 어제만 해도 동인들끼리 전화로 안부를 나누었는데, 이 무슨 일인가! 일주일마다 정답게 만나던 얼굴을 영정사진으로 만나다니, 할 말을 잊고 말았다.

수필가 유해자 씨와의 결별을 인정할 수 없었던 시간이 흐르고, 가족들의 통한의 눈물이 채 마르기 전에 남편은 아내의 유고를 정리하여 고인이 일생에 꿈꾸고 바라던 수필집을 내달라고 가져왔다.

유해자의 유고수필집이 참꽃으로 환히 피어나게 된 것이 너무나 기쁘다. 가족만의 기쁨이 아니라, 그를 기억하고 아끼는 문우들, 친지들, 벗들이 눈물을 글썽이며 환호하는 모습이 떠오른다. 고인도 저승에서 안도하며 미소를 띠우리라 생각한다. 사랑하는 가족과 이웃들을 위해서라면 헌신과 봉사로 자신이 헛꽃이 되어도 좋다고 생각하던 한 수필가의 영혼은 이 유고집으로 인해서 참꽃으로 피어나리라.

한 권의 수필집을 내는 걸 필생의 소망으로 삼았던 고인은 가족의 사랑으로 유고집을 내게 되었다. 이 유고집엔 고인의 삶과 일생의 궤적과 사랑이 그대로 점철돼 있다. 그는 유명을 달리 했지만, 이 책과 더불어 우리 곁에 영원히 남게 되었다. 아직도 목소리며, 웃음과 표정을 잊지 못하는 문우들은 이 책을 읽으며 고인을 추모하고 순수하고 아름다웠던 그의 영혼과 만날 수 있게 된 것을 다행으로 생각한다.

작품 한 편을 쓸 때마다 완벽을 꾀했던 고인이었기에 작품 수가 많지 않은 편이다. 마음에 들 때까지 퇴고를 거듭하였던 고인을 생각한다.

작고 볼품없는 진짜 꽃을 감싸듯 꽃봉오리 주변을 빙 둘러서 피어 있는 무성화 '헛꽃'은 유성화 '참꽃'의 가루받이가 끝나고 나면 조금씩 몸을 돌려 꽃잎을 땅으로 향한다 하지 않는가. 그것은 자연의 신비를 넘어 감동이었다. 자기가 아닌, 한 봉오리에 달려 있는 다른 꽃잎이 열매를 맺을 수 있도록 도운 뒤에는 스스로 자신의 아름다움을 숨겨버리는 꽃. 헛꽃의 헌신은 대가 없이 주는 모성과 같은 사랑이었다.

산수국의 참꽃같이 부실한 나는, 지금껏 헛꽃의 역할을 해주는 주변의 도움이 있었기에 살아 온 것은 아닐까. (……)

어머니는 지난해 편두통이 심하여 병원에 입원도 하셨다. 어머니는 이제, 맡은 역할을 끝내고 땅을 향해 몸을 돌리는 산수국의 헛꽃처럼 내게서 등을 돌리고 계시는 중이 아닐까.

창밖의 햇살이 곱다. 어머니는 지금 무얼 하고 계실까. 전화를 드려봐야겠다.

나는 제주에서 돌아온 뒤 한 번도 산수국 꽃을 보지 못했다. 날씨가 조금 더 따스해지면 화훼시장에 나가 산수국 나무를 찾아 봐야겠다. 내 안에도 자신을 버리고 말없이 생을 헌신할 수 있는 그런 사랑이 있을까. 올 여름 피어나는 꽃잎을 보며 자연의 오묘함과 헛꽃의 사랑을 생각하리라.

—「산수국」의 일부

「산수국」은 작자의 일생과 삶의 정신이 잘 드러난 글이다.

산수국의 화려하고 아름다움으로 치장된 꽃들이 암술과 수술이 없는 헛꽃임을 발견해 낸다. 눈에 띄지도 않게 보잘 것 없는 참꽃으로 벌과 나비를 유인하게 만들기 위해 피어난 꽃이 헛꽃이다. 「산수국」은 자기희생의 삶을 보여준다. '내 안에도 자신을 버리고 말없이 생을 헌신할 수 있는 그런 사랑이 있을까.' 작자는 '헛꽃'을 마다하지 않는 자기희생을 통해 '참꽃'을 위해 바치는 어머니의 삶을 보면서, 그 헛꽃에서 고귀한 아름다움을 발견해낸다.

「산수국」에서 보인 '자기희생'으로 피운 헛꽃의 의미는 삶과 정신으로 확대되어 나타나고 있다.

점토를 늘리고 흙가래를 빚는다. 손에 닿는 흙의 감각, 자연 그대로의 모든 것들은 이런 느낌을 지녔을까. 손바닥을 간질이는 보드라운 흙의 느낌이 좋아 점토를 자꾸만 주무른다. 오늘은 오리 모양의 생선 접시를 만드는 날이다. 접시의 테두리를 조금 더 높이 쌓아 올린다. '오늘 만드는 용기에는 바닥에 자잘한 흰 자갈을 깔고 물을 담아 꽃잎을 몇 개 띄워야지.' 생각만으로도 흙을 만지는 손길이 즐겁다.

매주 금요일, 숲 속에 있는 작은 공방의 뜰에 둘러앉아 흙을 주무른다. 초급반인 우리는 강사의 계획표에 따라 접시를 만들고 컵을 만들고 꽃병을 만든다. 그러나 나는 강사가 내놓은 견본을 그대로 따라하지 않는 불량 수강생이다. 컵을 만들 때는 컵을 변형한 꽃병을 만들고, 접시를 만들 땐 운두를 높여 수반(水盤)을 만든다. 순수한 흙 앞에서조차 나는 욕심을 부리고 있다.

주어진 시간이 끝난 후에도 손을 떼지 못한다. 이리저리 돌려보며 다시 안쪽 표면을 다듬고 겉의 무늬를 매만진다. 자신이 만든 작품에 대한 애착이다. 마치, 생명이 있는 오리 한 마리를 탄생시키고 있는 기분이다.

–「도자기를 빚으며」의 일부

「도자기를 빚으며」는 점토 공예품을 만드는 과정과 심정을 묘사하고 있다. '순수한 흙 앞에서조차 욕심을 부리고 있는' 작자는 '주어진 시간이 끝났는데도 손을 떼지 못한다. 이리저리 둘러보며 다시 안쪽 표면을 다듬고 무늬를 매만진다. 작품에 대한 애착이다. 마치, 생명이 있는 오리 한 마리를 탄생시키고 있는 기분이다.'라고 고백한다.

작품 한 편을 완성하기 위해서 남다른 애착과 노력을 하는 자신을 생생하게 보여주고 있다. 그의 작품들은 영감과 생명을 불어넣어 숨결과 느낌을 갖게 한다. 한 편의 수필 빚기는 인생의 발견과 깨달음을 얻는 것인 양 심오하고 엄숙하고 치열하다. 한 편씩의 수필들, 이런 과정을 통해서 삶의 깨달음, 미학, 열중, 사랑이 빚어진 것이다. 그냥 노력과 정성만으로 빚어진 게 아니고, 일생의 집중력과 깨달음과 정성이 모여 피어난 것이다.

대개 개인의 체험에서 형성되는 수필은 사소함의 통찰이고, 평범한 일상의 미학일 수밖에 없다. 흥미진진, 기상천외의 소설과는 거리가 멀지만, 수필은 사소함 속의 위대함이 있고, 평범함 속의 특별함이 있다. 그것은 인생경지에 따른 발견과 깨달음으로 스스로 의미를 부여하고 가치를 창출하는 데 있다. 유해자 수필가는 소박함과 일상에서 독자적인 미학을 창출해내는 능력이 있고 안목을 지녔다. 정의 미학과 새로움을 발견해 낼 줄 아는 눈을 동시에 가져서 토속적인 정서와 현대적인 감각을 잘도 조화시킬 줄 안다.

어머니가 보내신 대파가 겨우내 뽑아먹고도 남아서 겨울이 끝나가는 지금 하얗게 꽃을 피웠다. 햇살을 마주하고 앉아 파꽃을 바라본다. 미끈했던 파의 연둣빛 줄기는 쓸모없이 말라 있다. 꽃과 탯줄처럼 연결되어 있는 파의 꽃대를 손으로 눌러본다. 대 속에는 아무 것도 들어있지 않다. 단맛을 내던 속살은 사라지고 시들은 줄기가 꽃을 이고 푸석푸석 메마른 화분의 흙 위에 비스듬히 스러져 있다. 물기 없는 화분에서 줄기는 혼신의 힘을 다해 제 몸 속 마지막 남은 수분을 꽃에게 주고 있는 듯하다.

"내 체질을 닮아서 네가 허약하다."면서 안쓰러워하는 어머니는 사시사철 먹을거리를 챙겨 보내신다. 아직도 내가 구분을 잘 못하는 참기름과 들기름은 병에 이름을 써서 보내고 때때로 전화를 걸어 남아있는 분량을 확인하신다.

"하는 김에 조금 더 하는 것뿐이니 걱정 말아라." 하시며 어머니는 올

해도 김장김치를 보내셨다. 몇 개의 김치통과 함께 하나 더 실려 온 것이 있다. 푸른 대파가 심어진 커다란 화분이다. "날씨 추운데 시장 다니지 말거라. 그늘에 두고 뽑아 먹으면 한동안 먹을 것이다."라는 말씀과 함께. 그러나 그것만으로 시장을 안 갈 수 있는 일도 아니며 한겨울에도 언제나 싱싱한 대파를 사 먹을 수 있는데, 어머니도 그것을 모르지는 않을 것이다.

한동안 뽑아 먹은 뒤 생기 잃어가는 파 화분을 베란다 구석에 내어놓고 돌보지 않은 채 그냥 두었다. 그것이 어느 날 꽃을 피웠다. 파꽃을 자세히 들여다본다. 엷은 막을 찢고서 벌어져 있는 큰 봉오리 속에 수술이 달린 작은 꽃들이 꼭꼭 붙어있다. 새 생명의 잉태이다. 그러나 꽃이 달린 파의 밑동은 이미 말라 있다.

—「파꽃을 바라보며」의 일부

작품에 가장 많이 등장하는 사람은 다름 아닌 친정어머니다. 어머니는 평소에 몸이 약하고 위장이 좋지 않은 딸을 위해 음식과 반찬거리를 보내주시며 딸의 건강을 옆에서 걱정하셨다. 어머니가 보내주신 대파를 심어두고 꽃을 바라보는 딸, 모녀간의 사랑과 만남이 결혼이라는 통과의례로 끝나지 않고 핏줄로 이어짐을 본다. 딸의 건강을 걱정하던 노모보다 먼저 눈을 감은 작가는 어머니의 가슴에 천추의 한을 남겼지만, 어머니를 사랑하는 수필을 통해 마음의 용서를 구하고 싶었는지 모른다.

다시 뭉크의 「자화상」 앞으로 다가갔다.

한 생애가 끝나가는 그는 두 눈이 퀭한 앙상한 얼굴로 정면을 향해 무심한 표정을 짓고 있다. 이제 모든 삶의 두려움으로부터 놓여난 것일까. 아래쪽에 그려놓은 하얀 팔뼈를 빼곤 나머지 공간을 모두 까맣게 칠해 놓았다. 검은색 공간이 거울의 효과를 내어 맞은 벽면에 걸려있는 뭉크의 사진을 비추고 있다. 그림 속의 늙은 그와 사진 속 젊은 그, 둘이 된 뭉크의 얼굴에서 그가 겪어낸 세월을 본다. 액자 속에는 감상자인 내 얼굴도 비추어진다. 그의 자화상 위에 내 얼굴을 포개어 본다. 내가 뭉크가 되고 뭉크가 내가 된다. 눈동자를 마주 본다. 그의 눈동자가 젖어오는 것일까, 내 눈동자가 젖어드는 것일까.

'당신의 한 생애도 아팠군요. 그러나 어느 영혼에 상처가 없단 말입니까. 존재하는 모든 영혼은 외롭고 상처받지만 스스로 위로하고 치유하며 견뎌내는 것이지요. 당신의 삶을 보며 나는 오늘 나를 위로합니다. 삶은 누구나 아픈 것이라고.' 나는 젖어 든 눈을 껌벅이며 그에게 혼잣말을 했다.

뭉크의 일기와 편지글이 실린 책 한 권을 사들고 미술관의 돌계단을 내려왔다.

"날이 아무리 환하고 밝더라도 눈물로 범벅된 사람들한테는 어둡고 침침하게 보인다. 내가 원하는 것을 그는 이해하지 못했다. 나 또한 그에게 가장 중요했던 것을 이해하지 못했다. 우리가 모두 같은 신의 창조물인데도 불구하고 내가 얼마나 괴로워했는지, 아버지 당신은 아셨습니까?…"

돌아오는 길, 책장을 펼쳐든 나는 또 다시 들려오는 그의 절규에 그만 내려야 할 전철역을 지나치고 말았다.

뭉크의 가슴 깊숙이에 있는 삶에 대한 사랑과 애착만큼, 그는 또한 사랑과 이별과 죽음을 두려워한 것이리라.

―「뭉크, 그 절규」 일부

작자는 생전에 「뭉크, 그 절규」를 쓰기 위해 덕수궁 미술관을 두 번씩이나 관람을 했고, 세기말의 표현주의 화가였던 에드바르드 뭉크의 고향인 노르웨이의 수도 오슬로에 가서 '뭉크 미술관'을 찾지 못한 것을 아쉬워했다는 말을 두 번이나 했다. 그림은 아름다움과 평화와 안식을 주는 데 도움을 준다. 그러나 뭉크의 작품들은 겁과 공포에 질린 창백한 얼굴 표정을 보여줘 보는 이로 하여금 눈살을 찌푸리게 하며 종전 그림의 인상과는 다른 충격과 심리적인 세계를 보여준다.

작자가 뭉크의 작품에 애착을 갖게 된 것은 화가의 내면적인 아픔과 심리를 알고 공감하였기 때문이다. 유해자 수필가는 미술에 큰 관심과 미의식을 가졌고 '나혜석 거리'를 찾고 「나혜석 거리에서」란 수필을 남기기도 했다. 그림과 공예품을 창작하기도 했던 아마추어 미술인이기도 했다. 뭉크의 내면에 아로새겨진 상처, 시대에 앞서서 온갖 편견과 불합리한 도덕률과 대항하여 자신의 이상과 세계를 꿈꾸던 여성선각자 나혜석, '지구 밖으로 행진하라'고 외치는 여행 작가 한비야의 모습을 동경했던 유해자 수필가였다. 그의 꿈과 이상을 들여다 볼 수 있는 대목이다.

서점에 가는 일이 내겐 즐겁다. 제각기 개성을 지닌 책들이 자신을 선택해 달라고 눈길을 보낸다. 며칠 들르지 않은 사이 새로 태어난 책들이 인사를 한다. 서점에서 그들과 만나고 있는 사람들의 얼굴이 아름답게 보인다. 그들 속에서 때로는 바닥에 주저앉아 오래 머물러 있어도 마음이 편하다. 책들과 만나고 오는 날은, 사람들과의 모임에서 수다를 떤 뒤 헤어져 올 때의 허망을 느끼지 않아서 좋다. "살아있을 때 저 책들을 다 읽어봐야 할 텐데." 하시던 노(老)선생님의 독백이 가슴에 무늬를 일으킨다.

남편과 아이들이 잠든 시간, 야행성 체질인 나는 혼자 불을 밝히고 책을 읽는다. 책을 읽고 있으면 마음이 평화롭고 행복한 사람이 된다. 책을 한 줄도 못 읽고 잠자리에 든 날은 마치 저녁을 굶었을 때의 허전한 공복감 같은 것이 느껴져 다시 슬며시 일어나 앉기도 한다.

—「삶의 에너지」 일부

유해자 수필가는 생전에 삶의 활기와 슬기를 책에서 얻었다고 술회한다. 서점에 가는 일이 가장 즐거우며, 며칠 들르지 않은 사이 새로 태어난 책들이 인사를 한다. '책 속에 길이 있다'는 명언이 있듯 저자는 '책을 대하지 않다 보면 세상의 깊이와 넓이를 알 수 없다. 책을 읽고 있으면 마음이 평화롭고 행복한 사람이 된다'고 했다. '책이 인생을 견디는 힘'이라고 했다.

바라건대 이 유고수필집으로 고인의 명복을 빌며, 그를 아끼던 이들에겐 위로와 잊을 수 없는 향기를, 독자들에겐 좋은 어머니와 아내였고 벗이었던 한 수필가의 삶과 인생을 들여다보며 맑고 정갈한 평화와 행복을 느껴보길 바란다.

2008년 8월 4일

산수국

1판 1쇄 발행 | 2008년 9월 10일

지은이 | 유해자
발행인 | 이선우
펴낸곳 | 도서출판 선우미디어
등록 | 1997. 8. 7 제2-2416호
100-846 서울 중구 을지로3가 104-10
신성빌딩 403 ☎ 2272-3351, 3352 팩스: 2272-5540
sunwoome@hanmail.net

값 10,000원

ISBN 89-5658-193-2 03810